AF461947

ACTES

DU

DOUZIÈME CONGRÈS INTERNATIONAL

DES ORIENTALISTES

ROME 1899

ACTES

DU

DOUZIÈME CONGRÈS INTERNATIONAL

DES ORIENTALISTES

ROME 1899

TOME TROISIÈME
(PREMIÈRE PARTIE)

SECTIONS : LANGUES SÉMITIQUES ET MONDE MUSULMAN

FLORENCE
Société Typographique Florentine
Rue San Gallo, 33

MDCCCCII

VOCI DI ORIGINE ARABA
NELLA LINGUA DELLE BALEARI

Gli svelti minareti di Soller (*Solar* « la Conca »), furono i primi edifici, che attrassero gli avidi sguardi del conquistatore di Mallorca, Giacomo I d'Aragona, quando egli si diresse dalla costa catalana verso la maggiore delle Isole Baleari, col proposito di conquistarla.

Il porto sicuro di Soller agevolava l' approdo, e le scarse difese di quel luogo ne avrebbero reso facile il possesso, con la speranza di poter quindi piombare, all' inattesa, per via di terra, su Palma.

Mentre che le vele della flotta conquistatrice correvano sul mare in tempesta, in vista delle amene alture di Wadi Musa, dimora estiva dei Re degli Hadduga, dalle boscose pendici di Bañalbufar, le incantevoli bellezze del paesaggio doveano accrescere il desiderio della conquista. Giacomo I (Jaime) giunse, con la sua flotta, al Pentalen, l'otto settembre 1229, e sbarcò sul detto isolotto, la domenica, giorno 10, dove gli fu condotta innanzi una vecchia araba, fatta prigioniera. Nel vedere il Re Jaime, l' impressione della vecchia fu profonda, poichè egli aveva lunghissime braccia, ed una profezia araba diceva che un uomo dalle lunghe braccia avrebbe conquistato Mallorca. La vecchia, nel vedere le braccia sproporzionatamente lunghe di Giacomo I, esclamò: « È dunque destinato: Mallorca sarà tua ». Il che accrebbe non poca baldanza al Re d'Aragona. Frattanto, le alture della stretta valle si ricoprivano di Arabi difensori; e però dal campo di Don Jaime venne deciso di cercare più avanti un miglior punto di sbarco. Nella sera del giorno 11 il Re Jaime si recò a Santa Ponsa, nella vicinanza del qual luogo fu una prima zuffa favorevole ai Cristiani, nella quale perirono tuttavia i fratelli Moncada, cari al Re.

Allora il campo fu trasportato al nord di Palma, all'attuale Real; ma l'assedio alla piazza fu messo soltanto il 16 settembre. Nuño Sanz, lo zio del Re, prendendo la spada fra i denti, fece a tutti giurare di prendere Palma o morire, aggiungendo il voto, nel caso di vittoria, di costruire, nel luogo della vittoria, un Convento di Cisterciensi; il che avvenne poco appresso, dopo la conquista dell' isola.

Ma la difesa degli Arabi fu lunga ed accanita. Incominciato l' assedio il 16 settembre, solo il 2 dicembre poterono i Cristiani penetrare nella fortezza; ma, respinti, ne rimasero fuori fino al 27 dicembre, quando, aperta una nuova gran breccia, per la quale la cavalleria potè penetrare, il giorno 31, di gran mattino, ebbe luogo l' assalto generale; quasi tutti i Cristiani entrarono nella città, insieme con Don Jaime, che si avanzò per la porta di Babalcafal, oggi Puerta Pintod.

Presso che ventimila cadaveri rimasero sul suolo; i pochi Arabi superstiti scapparono, o si nascosero, lasciando indifeso il loro Re Wali Said Ben el Hakem, il quale dovette arrendersi a Don Jaime, che, verso sera, prendeva possesso dell'ultimo recinto di Almudaina, di cui si vede tuttora una porta. L'eccidio di quella giornata fu tremendo. Le donne offrivano i loro gioielli ai soldati inferociti, domandando soltanto che fosse loro risparmiata la vita. La città di Palma, che contava già ottantamila abitanti, parve allora ridotta a un mucchio di rovine, e il puzzo dei cadaveri era tale che il conquistatore, ad impedire, per la pestilenza, un danno più grave, bandì un decreto di morte contro quanti si rifiutassero a seppellire i cadaveri; ma la peste venne ad ogni modo, e decimò lo stesso esercito conquistatore.

Degli Arabi scapparono allora in Africa, i soli che avevano mezzi, chi sa con quale schianto nel cuore dei più, e, in alcuni, forse la speranza di un prossimo ritorno; quanta poesia di dolore in quella fuga, quando, con le loro alte vele latine, si discostavano dalla loro isola natia, desiderosi forse di salvare anche più della vita, la fede dei loro avi! Come gli Arabi fuggiaschi dell'Andalusia, anche gli Arabi di Mallorca, dopo aver chiuso a chiave le loro case, si portavano via le chiavi, speranzosi che essi soli l'avrebbero, tornando, riaperte.

Ma i poveri, che non potevano partire, dovettero, rimanendo, confondersi con la popolazione cristiana. Più civili dei loro conquistatori, in possesso di parecchie arti ed industrie, trovarono presto lavoro proficuo, e, sebbene sottomessi nelle campagne, imposero, a mano a mano, la loro civiltà al vincitore. Non deve dunque recar meraviglia che il fondo della popolazione dell'isola cristianieggiata sia rimasta arabo, per quanto la signoria aragonese si sfogasse a distruggere tutti gli elementi dell' antica tradizione e civiltà musulmana. Gli artigiani e gli artisti nelle nuove costruzioni essendo sempre artigiani ed artisti arabi, l' arte tradizionale moresca si proseguiva in tutte le nuove costruzioni aragonesi.

La creta continuava a foggiare, sotto le dita esperte di lavoranti arabi le stoviglie domestiche, secondo il costume arabico; onde anche oggi può recar meraviglia il trovare nella vicina Algeria, specialmente nei Monti della Cabilia, le stesse e precise forme che usano tuttora in Mallorca. Così le pietruzze *tapin* degli acquedotti, gli strumenti agricoli, come l'aratro e la zappa di Mallorca, ed i frantoi ricordano perfettamente quelli de' vicini coltivatori musulmani dell' Africa. Così i bastimenti sciabecchi, con l' albero inclinato, l' altissima vela latina, la poppa sporgente, il modo di remare, il modo di accovacciarsi, sono ancora conformi all' uso arabico. Anche la religione ha serbato usi tradizionali arabi, come quelli di portar pietre e gettarle sulla tomba di un Santo, perchè le sabbie del deserto non la ricoprano e i devoti possano riconoscerla; come i nastri multicolori detti *midas* o *misuge*, che gli Arabi attaccano alle grate dei Santuari, avendo il clero majorchino, per dare a tal costume arabo un carattere cristiano, destinano tali nastri a servir come *misura* della statua della Vergine o del Santo di alcun Santuario, del quale dovevano a quelli che erano rimasti a casa, portare, in segno di benedizione, l'altezza precisa della statua; predomina poi, tra i colori, il verde, ch' è il colore sacro del Profeta Maometto.

La mano protettrice degli Arabi si vede scolpita in pietra sull' ingresso di parecchi edificj, come, per esempio, nel Mali di Degà, che è del secolo XVII; e molte tegole di case antiche la portano fatta con terra rossa, come usano gli Arabi con l' *Henne*. Or sono pochi anni soltanto, un muratore facendo nuove piccole volte, fra trave e trave, nella montagna di Mallorca, domandò che gli dessero un vaso di terra rossa, e, tuffandovi la mano, ne lasciò l'impronta ad ogni trave; richiesto perchè facesse codesto, disse di non saperlo, ma che lo aveva visto fare ad altri; così egli tramandava un antico uso, senza conoscerne altrimenti il significato.

Perciò non parrà, in alcun modo, strano, che, anche nella lingua imposta dai conquistatori, siano, a loro propria insaputa, e a loro mal grado, rimaste non poche traccie della lingua dei vinti. Molti de' nomi arabi rimasti nel linguaggio di Mallorca sono comuni a quelli che s' introdussero nel Castigliano; altri, al contrario, che la lingua aragonese accolse, non furono accettati dalla castigliana. Le cantilene poi che si usano nella battitura del grano e in altri lavori agresti, sono perfettamente arabe; così che, se non se ne discernessero le parole, nell'ascoltarle si potrebbe credere di trovarsi trasportati in un paese pienamente arabo. Io ne fui molte volte colpito; e venni, a mano a mano, segnando alcuna impressione; ma, a un po' per volta, il materiale mi si è, per via ingrossato, di maniera che sono venuto a comporre il dizionarietto che presento come saggio e che potrà da altri venire ampliato. Il professore Wahrmund di Vienna ebbe la bontà di rivedere i primi appunti, aggiungendovi alcuna osservazione; richiesto dal

Presidente del Dodicesimo Congresso degli Orientalisti di fornire il mio piccolo contributo agli Atti, lo feci con tanta maggior fiducia che i chiarissimi e dotti professori Celestino Schiaparelli e Fausto Lasinio s'incaricarono di rivederne le stampe, e mi sostiene la speranza che possa questa prima raccolta spingere altri a fare meglio di me.

DIZIONARIETTO DI VOCI DI ORIGINE ARABA
NELLA LINGUA DELLE BALEARI

A

Aballò da Abballa abbolloa, sorgente che scaturisce dalla terra quando cadono pioggie abbondanti, castigl. albañal.

Si potrebbe pensare alla radice bll بلّ balla, *bagnare, inumidire*, e cioè dalla forma بَلَّاءُ ballâ (femm. dell' elativo أَبَلّ aball) *molto inumidito* (terreno) come رَمْضَاءُ ramḍâ *terra molto scottante*. Non è dubbio però che noi qui dobbiamo ricorrere alla radice بَلَعَ bala'a, *inghiottire*, e cioè alla forma بَلَّاعَة ballâ'a (con بَلُّوعَة ballû'a e بالوعة bâlû'a) *bodola, orifizio di cloaca, compluvio*, che in mezzo alla casa è destinato ad *inghiottire* le acque luride e che in occasione di grandi acquazzoni o simili le rigetta in parte. Bocthor ha per l'Egitto: بَلَّاعَة ballâ'a *terres absorbantes*, Pedro de Alcala: *remolino de agua*, Dozy Suppl. *Tourbillon d'eau* pel quale anche مُبَلِّع muballi' (partic. attivo II) *remolinado de agua* (Alcalà). — Bocthor: بالوعة bâlû'a *lunettes*, ouverture ronde des latrines. Tutto questo prova che l'applicazione anzidetta alle sorgenti piovane è probabilmente originale. — Anche Dozy, Gloss. p. 65, riconosce le forme spagn. albañal e albañar in بَلَّاعَة ballâ'a, e dà pure le forme spagnole. albellon, abojon, arbollon per *cloaque, égout*.

Adalid, *condottiero di guerra*, è دَلِيل dalîl (coll'articolo أَلدَّلِيل ad-dalîl) *condottiero* dalla radice دلل dll دَلَّ dalla, *condurre, mostrare la strada*).

Dozy, Suppl.: *Capitaine de corsaires*, (Alcala; *principe de corsarios*); — *le guide et chef de la cavalerie légère qui court le pays ennemi*: —

pilote. Anche nel Castigl. adalid, *guide, conducteur de chemin*. — Dozy, Gloss., p. 40: adalid, port. adail, valenz. adalil (dove si è conservata la primitiva l finale). «Ainsi s'appellaient les guides et chefs de la cavalerie légère qui couraient le pays ennemi. Voyez Mendoza, *Guerra de Granada*, p. 41. — Ibid. p. 24: La dernière consonne, qu'on entendait mal, est changée arbitrairement. De al-fénîd (الفانيد al fânîd, pers. fânîs, *zucchero candito*) les port. ont fait alfenim, les Esp. alfeñique.» النشيد an-nešîd, *versi recitati* diventò anexir in spagn. e anexim in port.; da adalil ... adalîd.

Adobar da dabage *conciare pelli*, castigl. adobar è l'arabo دَبَغَ dabaġa *conciare*.

Dozy, Gloss. non ha adobar, ma l'etimologia è sicura.

Aduana ital. *dogana*, franc. *douane*, castigl. *aduana*, dal pers.-arab. دِيوَان dîwân nel senso di *locale per gli impiegati di finanza*. Si pensi anche al pers. دُكَان dukân (e دوكان dûkan), arab. دُكَّان dukkân *bottega*, greco δοχάνη, il che però non corrisponde foneticamente.

Così pure Dozy, Gloss. s. v. duana, p. 47. All'arab. الدكّان ad-dukkân nel senso di *pezzo di pietra* o *di legno* ci richiama lo spagn. adoquin *morce, pierre pour les pavés*, adoquines, *contre-jumelle*, &.

Aduar da ad-duar usato metaforicamente a Minorca come *ordinamento, confusione*.

Si potrebbe alla prima pensare, stando alla pronuncia, alla forma أَدْوَار adwâr (pl. di دار dâr *casa di campagna*) senza articolo, usando il plurale invece del singolare, come in نَاس مِلاح nâs m'lâḥ *buona gente*. تَبَعَة taba'a *subalterni*, نِسَاءُ nise *donne* ecc.

Sta per ad ad-dawwâr (الدَّوَّار) da ad-duwwâr (الدُّوَّار) *accampamento circolare dei beduini*, col bestiame nel centro. Dozy Gloss. p. 47.

Agatges da agala affitto.... in natura, escluso il fitto in denaro. Alets è la forma più usata in Minorca, mentre a Maiorca si pronunzia agetges.

Da أَجَل agal *termine* di pagamento, forse però *l* per *r*: أَجْر agr *mercede*, donde deriva la IV forma إِيجَار îgâr *affitto, bail à ferme*. Dozy non ha nulla di simile.

Agutzi, Alquacil da alguazil *mallevadore*, castigl. alguacil.

alquacîl, port. alvacîl, alvazîl, alvazîr, alvasîr, alvasîl, alvacîr, (Dozy, Gloss. p. 129), si deriva dall'arabo اَلْوَزِير che, oltre a *ministro*, significa pure altri uffizi più bassi. Gli arabi dalla radice وزر derivano وِزْر wizr *carico*; وَزِير wezîr *colui che divide col Re il carico degli affari*. Esso però trae la sua origine dal persiano گزير g^hezîr o g^hizîr *prefetto, comandante della Guardia*. Per lo spagn. alguacil si pensò pure all'arabo اَلْوَصِيل al-waṣîl *il mediatore, il confidente* (delazione ec.) a cui si può anche applicare il significato suddetto di *mallevadore*.

Alach da yaloch (*vitex agnus- castus*) pianta, castigl. haloch.

Dozy Gloss. p. 284: haloch val. Selon Fischer (Gemälde von Valencia, 1, 227) ce mot désigne le *bupleurum* (su questa pianta v. Plinio, Hist. Nat. XXII, 35; βούπλευρον, Nicander, Theriaca, 586). Dozy lo deriva dall'arabo خَلُوق ḫalûq, nome che risponde a bupleuran e a *lingua di cane* (Κυνόγλωσσον, arab. آذان الأَرْنَب adân el'arnab, *orecchie di lepre*) il cui succo serve a tingere in rosso la pelle.

Aladroch da arraeroc *acciuga non salata*, castigl. aladroque.

Dozy Gloss., p. 53, murc. (*anchois qui n'est pas salé*). « Dans une liste d'espèces de poissons, Cazwini (II, 120, l. 1) nomme aussi الرَّقْرُوق (ar-racrôc), mais je ne sais pas si c'est l'anchois, car le mot ne se trouve pas dans les dictionnaires ».

Alafaya pel val. arafaya av. *stoffa.*

È con probabilità الرَّفِيعَة ar-rafî'a fem. di رَفِيع *sottile, fine, molto leggera* (stoffa) anche *costosa.*

[Credo che sia lo spagnolo *faja* che deriva dal lat. *fascia.* Dicc. Acad., « Pieza de tela, de lana o seda, larga y estrecha, con que se rodea el cuerpo dando varias vueltas, ec. ec. »].

Ital. (commerc.) *faglia?*

Alame, lama da aljam castigl. alhume, *allume.*

È il latino alumen (Plinius, Hist. nat. XXXV, 52).

Alapi da halebi *tela di lino* che si fabbrica in Aleppo.

حَلَبِيّ ḥalabî, *aleppino.*

Alarb fem. Alarbe.

Dozy, Gloss., p. 56: alarbe, port. alarve *hombre barbaro, rudo, aspero,* da العَرَبِيّ al 'arabî, l'*arabo.*

Alarbi da alarbi (arabo) *uomo barbero, rude,* castigl. alarbe.

Si può pensare a حَرْبِيّ ḥarbî (coll'artic. al-ḥarbî) *guerresco, guerriero, soldato.* Per la derivazione di detto significato non solo si può pensare a ḥarb *guerra,* ma ancora a ḥarib *furente, scellerato,* ḥarab *furore.* Più si avvicina (anche Dozy, Gloss., p. 56) العَرَبِيّ al-'arabî, *arabo, beduino, berbero.*

Alayde da alcait, castigl. alcaide.

قَائِدٌ qâid (coll'artic. اَلْقَائِدُ al-qâid) *condottiero, comandante.* « Chez les Espagnols ce mot a reçu la signification plus restreinte d'un Commandant d'une forteresse » (Dozy, Gloss., p. 79, s. v. Alcaide).

Albará, aubará.

Dozy, Gloss., p. 63: *albalà, albaran, albarà, alvara quittance, cédule, diplôme, passe-port,* de البَرَاءَة que P. de Alcala traduit par *cedula hoja o carta, contrat.*

Se significa realmente *quietanza* ecc., esso è ٱلْبَرَاءَةُ al barâ'a che ha detti significati.

Albará *mercato* castigl. albalà da albarut, albarà.

Per la derivazione del suddetto significato noi dobbiamo ricorrere col pensiero al medio latino, italiano, spagnolo e provenzale barra, *stanga, sbarra, catenaccio*, al francese barre nel senso di *barriera, balaustrata* (quindi anche barreau). Questo significato può aver condotto ad uno scambio coll'arabo بَرَّةٌ barra (coll'art. al-barra) *campo libero fuori della città*, d'onde *territoire qui s'étend autour d'une ville, banlieue*, e *faubourg* e *le dehors*, il quale significato si trova nello spagn. albala, albara, albarra, alvara. All'arabo بَرَاةٌ barât, *quietanza*, appena si può pensare. Cf. Dozy, Gloss., p. 63.

Albardá *sella di legno foderata* da bardaah, bardan, castigl. albardan (lag. albarda).

Abarda, albarda specie di sella rivestita di tela di lino, comunemente usata dalle signore di Minorca.

بَرْدَعَةٌ barda'a (anche بَرْذَعَةٌ barḏa'a) volg. barda'a (coll'artic. al-barda'a) *sella da asino*. Bocthor: *bât rembourré pour un âne, une mule.*

Albercoch, albercoch da al-bercoc *albicocca*, castigl. albaricoque, fr. abricòt.

بَرْقُوق barqûq (coll'artic. ٱلْبَرْقُوق al-barqûq) *albicocca*, in Siria *prugna*. Dozy, Gloss., p. 67.

Albrot da abbazoz (?), (alboroz ?) castigl. alboroto *grido*.

La derivazione da burûz (coll'art. al-burûz), *uscita festosa della popolazione incontro al principe*, *parata di gala*, ecc. solo è verosimile in quanto venga dalla forma alboroz e conservato il significato originale di بَرَزَ baraza, *uscire all'aperto, in campo aperto* (in campum prodire); بَرَزَ حَرْبًا baraza ḥarban *andare alla guerra;* III forma, *farsi incontro a qualcuno in duello* (fuori della fila). Dozy, Gloss. p. 371, riporta soltanto la derivazione da فُرْط furuṭ *eccesso*, بارود bârûd *polvere da cannone* e عَرْبَدَة 'arbade *rissa*, però senza propria dichiarazione.

Alcachofa, escarxofa da aljarxofa, castigl. alcachofa.

خُرْشُوف ḫuršûf (coll'art. al-ḫuršûf), specie di cardo chiamato in Siria أَرْضِي شَوْكِي arḍî śaukî. Essendo una forma mostruosa per l'arabo, non altrimenti che la tedesca *artischoke*, mi pare che possa benissimo essere derivato dall'italiano *carciofo*, parola di cui il primo elemento è sicuramente *cardo*. Cf. Devic nel Suppl. al Littré s. r. Artichaut. L'arabo ha pure خَرْشُوف ḫaršûf.

Alcaria da alcariya, *casa di campagna,* castigl. alcaria, alqueria.

قَرْيَة qarya, qarye, (coll'art. al-qarye), *casale*, *casamento*, *fattoria*. Dozy, Gloss, p. 86, *ferme*, *métairie*.

Alcaçaba

Dozy, Gloss., p. 90, alcazaba, port. alcaçova *forteresse* de القَصَبَة al-caçaba (al-qaṣaba), *bourgade*, *ville*, *capitale*, *forteresse*.

Alcova da alcoba, it. *alcova,* franc. alcove, ted. Alcowen.

قُبَّة qubbe *gabinetto* (coll'art. القُبَّة al-qubbe) *volta*, *cupola*, ecc., anche *isolata*.

Alcohol

Dozy, Gloss., p. 92: *alcohol*, arag. alcofol, catal. alcofoll de الكُحل al-cohl (al-koḥl) « Le cohol est la *galène* ou *sulphure de plomb*. C'est à tort que plusieurs auteurs ont traduit le mot cohol par *antimoine* ». (Prax, Commerce de l'Algérie, p. 29). — Mahn, Etymol. Unters., p. 107-109. Anche in Dozy, Suppl.

Alfabaga, alfabega da alhabac.

Dozy, Gloss., p. 62: albahaca, alfabega, alhabega, alabega, fr. *fabrègue*, espèce d'herbe, *basilic*, de الحَبَق al-habac (al-ḥabaq) *mentha- pulegium*, *puleggio*.

Alfabrega, castigl. albahaca.

Dozy, Gloss., p. 62: albahaca, alfabega, alhäbega, alabega (franc. *fabrèque*) *espèce d'herbe, basilic* (par transposition) de الحَبَق al-ḥabaq, *mentha- pulegium* [*pulicaria*]. Nel Suppl. aggiunge: *basilic, menthe d'Arabie, menthe sauvage, laurier rose.*

Alfach, castigl. alfaque banco di erba marina presso le coste, da Alfa *Sparto,* giunco marino.

Dozy, Gloss., p. 107: Alfaque, *banc de sable, bas fond* de? (Il. Diz. dell'Acc. Sp. lo fa derivare da الهكوك. Sono due cose diverse). Alfach come nome corrispondente a *Sparto*, proviene benissimo da al-alfa, arabo الحَلْفَة al-ḥalfa, nonchè حَلْفَاء ḥalfâ e حلفة ḥalfa *jonc, roseau,* le *sainfoin epineux, stipa tenacissima, sparte,* que Pedro de Alcala traduit par *esparto* yerva propria de España (Dozy, Gloss., p. 100 e Suppl. s. v. حَلَفَة).

Alfalí da alhari *magazzino di grano:* castigl. alfali.

Col suddetto alhari, *magazzino di grano* s'intende هُرِيّ huryun, volg. huri o hori, coll'art. al-huri *magazzino pubblico di grano, granaio,* nonchè *magazzino di vettovaglie per i soldati.* Dozy, Gloss., p. 139: alholi, alfoli, alforiz, *grenier, magasin de blé,* de الهُرِيّ alhorî lat. *horreum.* «En Navarre on disait algorio et le mot arabe a encore une fois passé dans l'espagnol sous la forme algorin ou alguarin ».

Alforge (-es) da alsarch (?), *bisaccia,* castigl. alferga; a Minorca si chiama comunemente *bonetus* o *bunatus.*

Dozy, Gloss., p. 116: alforja *besace* da الخُرْج al ḫorǵ خُرْج ḫurǵ *sacco da viaggio* ecc.

Algaravia *confusione.*

Dozy, Gl. p. 119:

1) *algarabia, algaravia,* port. aussi, *algravia, arabia* = *la langue arabe, baragouin, galimatias, bruit confus de plusieurs voix.* Est العَرَبِيَّة al-'arabîya (al-'arabîyya) *la lingua araba.*

2) algarabio, fem. algarabia en port. avec la *v*, est الغَرْبي al-garbî (al-ġarbî) *del regno d'Algarve*.

3) Algarabia Due piante, *a*) euphrasia, *b*) plante du genre centaurée.

Algebra.

Dozy, Gloss., p. 123: algebra = الجَبْر al djebr (al-ġebr, pr. egiz. al-gabr, al-ghebr) جَبْر in origine: *rimetter a posto forzatamente un osso rotto o slogato*, quindi anche *riduzione di equazione* (*risolvere un' equazione*).

Algorfa.

Dozy, Gl. p. 127: algorfa, algofra *grenier, sobrado* da الغُرْفَة algorfa (al-ġurfe) presso Alcalà: *cel da camara, cenader en sobrado, camara donde dormimos, camara como quiera:* — Bocthor (Egitto): *chambre haute, solaio* (soffitta).

Alhaja da haya, ital. *gioia* (*gioiello*).

Da حاجَة ḥâġe (*bisogno*) *cosa posseduta* (?), *utensile*. Dozy, Gloss., p. 133: alhaja désigne en général toute chose qui a quelque valeur et plus spécialment tout ce qui est destiné à l'usage ou à l'ornement d'une maison ou d'une personne, comme tapisseries, lits, bureaux, ou habits, bijoux, etc.

Alimares

Dozy, Glos., p. 141: alimara, *feu que l'on fait sur la côte pour donner quelque avis*, de الإمَارَة al-imâra *signal, segnale*.

Aljup, anjup dall' ar.

الجُبّ al-ġubb, *cisterna, fossa*? Spagn. *algibe, chibo*.

Aljub (arjub, anjub) dall' arabo.

جُبّ ġubb (coll'art. الجُبّ al ġubb, *cisterna*. Dozy, Gloss., p. 125, s. v. algibe.

Almesh, aumesch da almice.

Dozy, Gloss., p. 162: almece port. aussi almice, almiça è المَيْص al-maiṣ od المَيْس al-meis usato al Magreb per المَصْل al-maṣl, *petit lait, serum lactis, siero.*

Almirall, almirant.

Dozy, Gloss., p. 164 seg.; almirante, *ammiraglio, almiraglio,* port. *amiralh,* ec., ordinariamente spiegato con أَمِيرُ البَحْر amîr al-baḥr, *comandante del mare,* (anche امير الماء amîr al-mâ *comandante dell' acqua*). Dozy però osserva che la desinenza *al* non ha nulla a che fare coll' articolo arabo, ma è piuttosto la desinenza latina *alis* o *alius* (*almiralis, almiralius, almiragius, amirarius, amiratus, amirandus,* donde lo spagn. *almiraje, almirage, almirante*), inoltre la parola *mir* venne usata qual *Comandante in capo* coll' aggiunta *sur mer, sur terre.* — *Almirage de la mer.* (Sarebbe però molto strana la scomparsa fonetica di بَحْر baḥr). Amîr però è arabo; la *l* (a*l*mirante, ted. a*d*miral) è inserta.

Almogaver

Dozy, Gloss., p. 172, almagovares, *cavalerie légère, avant-coureurs.* È plur. di المُغَاوِر al-mogâwir (al-mugâwir) colui che fa un assalto nemico, una scorreria (غارة gâre), *una razzia, un razziatore.*

Almogna da almauna *elemosina,* castigl. almogna per *tributo, contribuzione.* Nelle Baleari si dice *pia almogna* per *largizione pia.*

Dall' arab. مَعُونَة ma'ûne *aiuto, soccorso.*

Dozy, Gloss., p. 179: almoyna. «Dans plusieurs documents du moyen âge, ce mot signifie, soit un impôt sur les navires marchands dont le produit devait servir à équiper une flotte contre les Maures, soit un don volontaire destiné au même usage. On trouve donc les expressions dons è almoynes» et «galea de la almoyna». C'est l'arabe المَعُونَة al-ma'ôna (al-ma'ûne) qui signifie proprement *aide* et qui désignait: une contribution extraordinaire, imposée par le prince quand le trésor public était épuisé». — Come إعانة i'âne, che ha lo stesso significato, derivata dalla radice عون 'aun *aiuto.*

Almoradux, moradux da almardadux castigl. almoradus *maggiorana* erba.

مَرْدَقُوش mardaqûš (coll'art. المردقوش al-mardaqûš) dal pers. مَرْزَنْكُوش marzangûš *orecchio di topo,* (greco μυοσωτίς) *maggiorana;* — in Spagna pure مردددوس mardadûš, murdadûš (secondo Dozy, Gloss., p. 174, fin dal X sec. non si usava la forma araba).

Almoxarif da almoxarif *riccvitore delle gabelle* (derechos) *reali,* castigl. almojarife.

مُشْرِف mušrif, mošrif (coll'art. al-mušrif) pl. مَشَارِف mešârif, *Ispettore capo, ispettore delle finanze, delle gabelle erariali,* (da non pronunciarsi مُشَرِّف mušarrif). Dozy, Gloss., p. 179: almoxarife, port. almosarife, almozarife, «receveur de l'impôt qui se paie aux portes de ville et à l'entrée des ports, de المُشْرِف al mošrif *inspecteur, intendant.*

Almut, aumut.

Dozy, Gloss., p. 180; almud, port. almude *nom de mesure* de المدّ al moudd (al-mudd) una *misura degli aridi* (Nell'Irak 2 رَطْل ratl, nell'Higaz 1 $^1/_2$ ratl. Un ratl = 2566 grammi).

Alquimia.

Dozy, Gloss., alquimia alchimie de الكيمياء al-kîmiya oggi anche *Chemie.* Significava in origine la *pietra filosofale* «la pierre philosophale» dal greco χυμός *fluidum,* χυμία, χημία, Chimica.

Ama da ama *balia* (?).

أَمَة ama, ame (rad. امو) *schiava, serva.*

Amburnia, albarnia (?).

Dozy, Gloss., p. 73; albornia *grand vase vernissé, qui a la forme d'une écuelle* de البرنية al-barnîya (al-barnîyye) *vas fictile in quo quid recondunt.* — Belot: *petit vase de terre, terrine.*

Quando significasse un *vestito*, allora deriverebbe da برنية ber-nîyye «l'esp. bernia, chez Alcalà (de Hibernia, *dell'Irlanda, irlandese*), manteau en robe fourrée de peau de loup ou d'autre peau velue, capote, vêtement rustique à la façon des Irlandais». — L'Accad. «gros drap de laine de différentes couleurs dont on faisait des manteaux qui portaient le même nom».

Amo da amon *affittarolo, fittaiolo.*

أمان 'ummân *contadino*, *fittaiolo* (propriamente come أمي ummîyyun) ummî *uomo rozzo, analfabeta.*

Amohinarse, amohinat.

Esso può venire da مهين muhîn, *disonorante, oltraggiante, maltrattante*, partic. attivo della IV forma di هان (per هون ha-wana) *valer poco.*

Andamio da addaima *ponte*, usato dai mori, castigl. *andamio.*

Dozy, Gloss., p. 190: andaime, andaimo, port. *échafaud pour les maçons.* (L'accentuation est: andáime) de الدعايم ad-da'âim *les poutres*, pl. de الدعمة ad-di'ma et da الدعامة ad-di'âma. دعايم da'â'im è plur. di دعامة di'âme, *puntello, pilastro.*

Anfans ar. al-façfaça.

Dozy, Gloss., p. 100: alfalfa *herbe appelée le grand trèfle* [*foenum burgundicum*, de الحلفة al-ḥalfa que P. de Alcala traduit par *esparto, yerva propria de España* (Engelmann)].

Dozy fa osservare che qui Engelmann è in errore. L'arabo الحلفاء al-halfâ (al-ḥalfâ) significa *stipa tenacissima* e *arundo epi-*

geios; ma lo spagn. *alfalfa, alfylfe, alfalez* è *Trèfle* (greco μηδική, *erba medica*, it.) *luzerne*. Alcala traduce *alfalfa* per façfaça. « En effet la forme alfalfez, qui est le moins alterée, est une corruption de الفَصْفَصَة al-façfaça (الفصفصة al fiṣfiṣe) *luzerne*, *medica* che è il persiano اَسْپَسْت espist, اُسْپُسْت uspist. اُسْپُسْت uspust da اَسْفَسْت esfist. Pronunciando espist torna molto meglio il fr. *esparcette*, lo spagn. *esparcilla* ».

Ante da dante *pelle di camoscio conciata*, castigl. ante ital. *dante*.

Dozy, Gloss., p. 195: Ante, dante, port. anta, danta (selon les dictionnaires *buffle*, aussi *peau de buffle*). — « Le mot port. vient de لَمْط lamṭ nom que porte, dans les déserts africains, un animal du genre des antilopes ». Marmol (Descripcion de Affrica) qui écrit quelquefois ante, dit formellement: « el dante que los Africanos llaman Lamt ». — Dozy, Suppl. s. v. لَمْط. « On se servait de sa peau pour en fabriquer des boucliers excellents et fort estimés, qui s'appelaient دَرَقَة لَمْط [daraqat lamṭ], en espagnol adaragadante, dargaa dante, adarga da ante, dargadante ». [Cfr. il *lama*, antilope o specie di cammello delle Ande. A. D. G.]

Arancel da alasar, castigl. arancel. *Tariffa ufficiale* che porta i prezzi a cui si devono vendere le merci ed i diritti che su queste si devono pagare.

Non so che cosa possa essere il detto alasar. Forse il pensiero si è portato ad الاسْعَار al-as'âr *i prezzi*, pl. di سِعْر si'r *prezzo* (cfr. qui l'art. mostassa). Engelmann pensa ad اَلرِّسَالَة ar-risêla (ar-risale *missiva*). Dozy, Gloss., p. 197, osserva invece che risâle *missive* non ha mai il significato di *décret*, *loi*, e propone la derivazione da المَرَاسِم al-marâsin (plurale abbreviato per مَرَاسِيم marâsîm pl. di مَرْسُوم marsûm *tracciato prescritto*; può passare anche per pl. di رَسْم resm) il quale come *décret*, *ordonnance* esprime propriamente *tutte le prescrizioni*.

Arganells da alcartell. *Corba.* Tessuto di sparto od altro per portare le brocche d' acqua sulle bestie da soma, catal. argadell.

È l'arabo قَرْطَل qarṭal, قَرْطَلة qarṭale, قِرْطَلّة qirṭalle, قِرْطَالة qirṭâle *cesto di giunchi* specialmente *corba da asino per frutta.*

Non si trova nel Gloss. di Dozy, ma si nel Supplem. col rinvio al greco κάρταλος κάρταλλος (corba che al basso termina in punta) che occorre nei Settanta ed in Clemente Alessandrino, dal Siriaco.

Argolla da algoll, castigl. argolla.

Dozy, Gloss. p. 198: argolla, port. argola *grand anneau de fer* da الغُلّ al-ġull (*gogna, manette*).

Arraiz da ar-raiz *capitano* donde *capitano di bastimento moresco.*

Preso da رئيس ra'îs (coll'art. الرّئيس ar-ra'îs) *capo, capitano, capitano di nave* ovvero da رَائِس râ'is (che significa lo stesso). Dozy, Gloss. p. 199 ha proposto l'ultima forma, benchè رَئِيس ra'îs sia l' usata, e la forma Spagnuola arrayz *governante, capitano di nave* provenga da râ'is. Corrisponderebbero all'accento originale spagnuolo: arrûëz ovvero arrŭëz?

Arraval, àrrabal da rabat *sobborgo,* castigl. arrabal.

Dozy, Gloss., p. 198: arrabal [raval] *faubourg* (anche *parrocchia, quartiere)* da الرَّبَض ar-rabaḍ (*les environs d'une ville, faubourgs*). Nel portog. arrabalde si conservò ancora l' antico ḍ come in alcalde da القاضي al-qâḍî *il giudice* (osservazione del Dozy).

Arreus da arreyat *strumento (?),* castigl. arreås. . . . . . (?) *arredo.*

Non è in Dozy, Gloss. — ريش rîš *penne* pl. أَرْيَاش aryâš significa pure tutti i *mezzi* per il vivere e per il mantenimento, *choses nécessaires à la vie,* quindi anche *ricchezza;* nonchè *abito ricco, ricamato;* la detta parola è evidentemente il pl. aryêš. ريشة rîše *aigrette de diamants enchâssés dans de l'or ou de l'argent.* (Dozy, Suppl.).

Arri grido per incitare bestie da soma, onde appunto il castigliano arriero conduttore di bestie da soma, oppure *asinaio.*

Il nome di arriero applicato al conduttore di bestie da soma si può con certezza derivare dal grido arri (arre, harre) che taluno deriverebbe dall'arabo هَرّ هَرّ harr harr (grido del camelliere). L'abbate Bargès sentì in Algeria il grido اريه errih. — Ma Dozy, Gloss., p. 203 osserva giustamente: « Est-ce que nous chercherons à présent l'origine de ce mot? Je crois que ce serait de la peine perdue, car à mon avis c'est un cri comme il y en a tant et qui ne signifie absolument rien. Les mulets le comprennent, et cela suffit ».

Arroba *peso* da arruba castigl. arroba.

Da رُبْع rub' *quarta parte* [del قِنْطار qinṭâr *quintal*], coll'art. ar-rub' (la ع finale araba ha pure il nome di *a* breve).

Arrop da arrabb castigl. arrope *mosto cotto.*

Da رُبّ coll' art. ar-rubb *sugo vegetale condensato, mosto cotto ristretto, sciroppo di frutta.*

Arselaga da al djaulac.

جَوْلَق ǵaulaq è *grand sac pour les grains, la farine* (Bocthor, Egitto). E il pers. جُوال ǵuwâl [*sacco di lana*]. — Nella Spagna significa anche *coffre* (*arca, cax*); pers. جَوْلَخ ǵaulaḫ; arab جَوْلَق ǵaulaq esprime pure *pannolano ruvido* per coprire la sella, per cocolla. -- Ar. جَوْلَف è inoltre il nome di un arbusto sul quale vedi Dozy, Gloss., p. 371.

Aliega, anlaga, abulaga, ajonc, *ulex europaeus.* L'Accad. Espagn. le traduit Aliega par ulex. Alcala traduit aliega par djaulac; (Dozy) mais il ne faut pas en dériver aliaga, car on lit chez Ibn Baiṭâr: il ǵaulaq *in ispagnolo* si chiama yalâca *spino* (arbrisseau épineux) ma non si deve confondere col دَار شِيْشَعَان[1]

[1] È il pers. دار شيشعان dâr šišʻân (forma abbreviata دار شيعان dâr šiʻân albero spinoso grosso (crassus Wall.) la cui corteccia è simile alla

dârašaysa'ân. Questo è l'*aspulathus* che, come si trova scritto in Mostáînî, in ispagnuolo si scrive pure يُلاقة yulâqa. Da questo yulâqa, secondo Dozy, deriva lo spagnuolo aulaga donde abulaga. Dalla pronuncia yalâca, yalaga viene aliaga. Ma « dans le man. de Naples du Mosta'înî on lit. يُلاقة او ارجلاقة youlâca ou arǵilâca. Je retrouve ce mot dans le dialecte Valencien: Fischer (Gemälde von Valencia I, 248) « Ulex Europaeus en Esp. aliaga de Europa, en val. argilaques d' Europa ». En France aussi on disait au moyen-âge *argilax*. Quelle que soit l'origine de ces mots, il est certain qu'ils ne sont pas arabes ». Con *ardgilaca* e val. *argilaques* concorda sopratutto *arjalaga*.

Açot da açot *frusta*.

Dozy, Gloss., p. 228: azote, port. açoute *fouet* de السَّوْط as-sauṭ (as-sôt) *frusta*.

Spagn. azoot, azoth, asoth, azote sta pure per azoth = الزّاوُق az-zâuq da الزّاوُوق az-zaûq *universalis medicina*, *mercurium* (mercurio). Dozy, Gloss., s. v. azoque.

Açuçena.

Dozy, Gloss., p. 228: azucena *lis blanc* de السُّوسَانَة as-souséna (as-sûsâne) de سُوسَن sûsan, سَوْسَن sausan, سُوسَان sûsân (di cui il precedente è nome d' unità), ebraico שׁוֹשַׁן śuśan, pers. سُوسَن sûsan, greco σοῦσον.

Atalaga da atalagi *torre di guardia, vedetta.*

Atalugar *stare alla vedetta* da atalayach donde anche talayot [castigl. talayote] come sono chiamate le costruzioni megalitiche costruite anticamente.

طَلِيعَة ṭali'a pl. طَلَائِع ṭalâï' (pl. coll'art. الطَّلَائِع aṭ-ṭalâï') *sentinelle avanzate, avanguardia, esploratore.* La forma spagnuola atalaya è il plurale suddetto aṭ-ṭalâï', quindi quale gli scrittori

cannella (قِرْفَة). Secondo Plinio, Hist. Nat. XIV. 16 (leg. XIV. 15?) — *l'aspalathus* (la corteccia?) serve ad aromatizzare il vino.

spagnuoli scrivono la parola nel senso di *sentinella, guardia* (così il pl. arabo come il singolare): Alfonso X (part. II, Tit. XXVI, ley. X) «et como quier que sea muy peligroso el oficio de las atalayas porque han á estar todo el dia catando á cada parte». — Mendoza (Guerra de Granada, p. 65): «Lo que ahora llamamos *centinela*, amigos de vocablos estranjeros, llamaban nuestros Españoles, en la noche, *escucha*, en el dia, atalaya».

Pedro de Alcala dà invece ad atalaya il significato di *torre di guardia, specula* (s. v. atalayer e especular *stare alla vedetta*). Per questa (al plur.) gli arabi usano invece la parola مَطْلَع maṭla' e طَالِعَة ṭâli'a pl. طَوَالِع ṭawâli'. Per *sentinella* Alcala usa atalayador. (Il tutto presso Dozy, Gloss., p. 209 seg.)

Atlot da welled.

Sarebbe usata la forma femm. onde si è fatto atlota. La parola non corrisponde ad altra radice latina, ecc., e senza dubbio dovrebbe derivare da welled, perocchè la corrispondente voce propria catalana è noy noya, [catal. e castigl. *novia, sposa recente*] che in Catalogna ed in parte anche in Minorca sono la stessa cosa.

Si può pensare a وَلَّادَة wallade *partoriente*, وَلُودَة *donna feconda*, e, stante l'*a* in principio di parola, a إِلْدَة ilde (per وِلْدَة wilde) plur. di وَلَد walad *figlio*.

Atsebara *aloe*, da Sabbara.

صَبِر ṣabir (coll'art. الصَّبِر aṣ-ṣabir) *succo amaro di una pianta, mirra, aloe, succo di aloe*. (Secondo Dozy in Ispagna si pronuncia sibar, as-sibar).

Le forme portoghesi azevre, azebre con azevan (coll'accento sul primo e) parlano in favore della forma aṣ-ṣibar. La detta forma atsebara (ma meglio atsebâra?) sembra che si riferisca a çabâra (con çabâyra e çabîra presso Alcala s. v. çavilla *yerva del acibar*) che risponde alla forma magrebina الصَّبَّارَة aṣ-ṣabbâra. Dozy, Gloss., p. 35.

Atzur da Lazurd.

Dozy, Gloss., p. 229: azul. Ce mot semble être une alteration de l'arabe-persan لازورد lâzouwerd (pers. lâzwerd per لاجورد lâǵwerd) *lapis lazuli, lazurino* λαζούριον.

Aufabi *orcio da olio, vettina* da alfabia, castigl. alfabia.

خابية ḫâbî'e ḫâbiye (da خَبْيَة ḫabje) *grande vaso* per vino, olio (coll'art. al-ḫâbiye). Non si trova in Dozy. Cambiamento dell'arabo خ ḫ in f come in alforja = الخُرْج al-ḫurǵ *sacco da viaggio, bisaccia.* — alfange = الخَنْجَر al-ḫanǵar, *pugnale,* &. Dozy, Gloss., p. 13.

Averia, veria da avuer.

Dozy, Pl. p. 217: averia, port. e ital. *avaria,* fr. *avarie, dommage arrivé à un vaisseau, à des marchandises* da عُوَار, 'awâr, 'iwâr, 'uwâr *defectuosité, mutilation, insure;* quindi مُعَوَّر mu'awar, *danneggiato, guasto,* سِلْعَةٌ ذاتُ عَوَارٍ sil'a dâtâwâr *merce avariata.*

عَوَارِيَّة awârîyye *des marchandises avariées.*

B

Babucha da bàbuś, babus, castigliano babucha, ital. *babbuccia,* (ed anche *pappuccia*) franc. babouche.

Pers. پاپوش papûś *pantofola* (letteralmente *copri-piedi*) ed anche بابُوج bâbûǵ. Dozy, Gloss., p. 251 lo crede posteriore alla dominazione araba in Ispagna, e derivato dal francese *babouche.*

Badaluch *torricella da guardia, vedetta,* ital. badalucco.

Pers. بادْگير bâdgîr, lett. *pigliavento* esprime una costruzione da estate elevata sopra la casa, chiusa in giro, con delle feritoie per le quali il vento può penetrare da ogni parte, e che serve pure alla ventilazione dei piani inferiori. Si chiama pure بَادْهَنْج bâdheng̋ che occorre anche colla forma بَادْهِلْج bâdhilǵ che notevolmente (secondo la pronunzia egiz. della ج = g [dura] alla quale fu sostituita l'italiana cc e la spagnola ch) corrisponde la detta forma badaluch. Simile costruzione poteva pure servire come torricella di guardia. La forma araba corrisponde a بَادْهَنْج bâdheng è بَاذَاهَنْج bâḏâheng. Wüllers, Lex Pers.-lat. s. v. بَادْگِير , بَادْهِلْج e بَادْهَنْج.

Badana da battana *pelle di capra conciata,* castigl. badana.

بِطَانَة biṭâne, propriamente *fodera.* — Dozy, Gloss., p. 231: badana (franc. basane, bedana dans un arrêt du parlement de Paris cité par Ducange [Gloss. med et. infim. lat.]) *peau de mouton préparée,* de بِطَانَة biṭâna *doublure.* P. de Alcala le traduit par *baldres.* La badana servait à doubler les chaussures et d'autres objets fait de cuir.

Bagage da bacache castigl., bagage franc. bagace. it. *bagaglio.*

Turco بُوغْچَه boǵcia *fazzoletto per avviluppare e legare un fagotto d'abiti,* pers. بُقْچَه buqce, arab. بُقْجَة buqǵe e بُقْشَة buqše pl. بُقَج buqaǵ, dal qual pl. deriva la detta forma. Manca, in Dozy.

Bagatella da bagatel, castigl. bagatela, ital. *bagatella,* franc. bagatelle.

Secondo Diez e Littré è diminutivo del neo-latino baga *baquesl bagage* (sic), *cosa insignificante.* [Cfr., tuttavia l'italiano *bagattino,* picciolo, moneta vilissima, un quarto di quattrino; cosa da niente. A. D. G.].

[Il Dizionario dell'Acc. Spagn. lo fa derivare بَوَاطِل bawâṭi pl. di بَاطِل bâṭil *cosa inutile,* però con punto interrogativo].

Balde

Dozy, Gloss., p. 233: balde, de balde gratis, en balde *en vain,* baldo port. *depourvu,* balda *chose de peu de valeur,* ecc. ecc. بَاطِل bâṭil *vano, inutile, frivolo,* ecc.

Metatesi di ṭ (d) e l come in arrelde per الرَّطل ar-raṭl *peso* (di 2566 gr.), rolde per *rotulus*, espalda per *spadula* (Dozy).

Barnus (bernus) da albornos *cappuccio solito a portarsi dai ragazzi.*

بُرْنُس burnus (coll' art. اَلْبُرْنُس al-burnus) *parte del mantello che copre il capo, cappuccio.* Castigl. albornoz, portog. albernoz.

Barragan da barracan *stoffa,* castigl. barragan.

بَرَّكَان barrakân (anche بُرُّكَان burrukân) *stoffa grossolana di cammellotto o mantello* donde il franc. bouracan. Dozy, Gloss. p. 237: barragan, port. barragana, fr. bouracan (*sorte de gros camelot*) de بَرَّكَان barracän.

Bedui da badaicoi *beduino* ed anche *selvatico, rozzo,* castigl. ital. *beduino,* franc. bedouin.

بَدَوِيٌّ badawîyun volg. بدوي badawî, bedewî *uomo del deserto, relativo al deserto* (da بَدْو badw *deserto*).

Bezzeff da betsef *in gran quantità.*

Il magrebino (alger.) بِالزَّاف biz-zêf, *in quantità, molto.*

Bocaci da bógací, *specie di fustagno,* stoffa. Forse lo stesso che il turco بوغچه bogcia (cfr.: l' articolo bagage).

[Il Dizionario dell'Acc. Spagn. ha: bocaci (del ár. (?) بغازي bogací) m. Tela de hilo mas gorda y basta que la holandilla y de uno ù otro color.

Secondo me è il *bocassin* del francese antico, che risponde al turco بُوغَاص buġâṣ = *Toile d'un Tissu peu serré qui sert à faire des doublures.* (Vedi Barbier de Meynard, Dict. turc-français s. v.)] [Cfr. l' it. *boccaccino* o *boccascino* tessuto di lino con bambagia. A. D. G.]

Hindoglou, Dict. turc-franç. h- بوغاسي boghase, *cannefas.*

Boyra *nebbia* da chaboura.

Humbert ha notato l'egiz. شَابُورَة šâbûra (forse dal persiano شَابْوَرْد šâbwerd cerchio intorno alla luna (alone)) *brouillard;* ma questo è totalmente smembrato, e la derivazione non è credibile.

Bufera albufera da albueira *palude,* castigl. albufera.

Spagn. albofera per albohera da بُحَيْرَة buḥayra; *piccolo mare* (dimin. di بَحْر bahr *mare* [f invece di ḥ ح, così pure invece di خ ḫ.]). Dozy, Gloss. p. 91 s. v. albohera.

Bugia da Bugia nell'Affrica Settentrionale, donde si esportava della cera, castigl. bugia, franc. bougie.

Dozy, Gloss. p. 243: bugia fr. bougie, *chandelle de cire,* da بِجَايَة biǵâye vulgo Bougie, spagn. *Bugia,* d'où l'on esportait de la cire.

C

Caduf da cadaf od alcaydus *vaso di terra* per tirar l'acqua dai pozzi, cadahe, acaduz e arcaduz. Si dice pure cadufedjar fer cadufos della *confusione d' intelletto della vecchiaia,* rivoltarsi e rituffarsi come il caduf, quale simbolo dell'affondare (invecchiare).

Dozy, Gloss. p. 78: alcadafe, alcadef, alcadefe (tutti portog.) pot de terre en dessus duquel les cabaretiers et les boutiquiers mesurent les liquides qu'ils vendent, et qui reçoit l'excedant; da القُدَاف al-codâf ou al-codéf [al qudâf *vaso di terra*]. Le catalan avait cadaf sans l'article arabe [come qui]. « p. 244: cadae, cadahe, (pas dans les dict.) désigne à Grenade une mesure agraire. Dans les lexiques arabas قَدَح cadah [qadaḥ *bicchiere*] est seulement le nom d'une mesure de capacité.

[Il Dizionario dell'Ac. Esp. ha Alcaduz, ant. arcaduz (dall'ar. قدوس caduç); cfr. il gr. κάδος.]

Café.

Dozy Gl. p. 244: cafe de قَهْوَة qahwa, qahwe *bevanda, vino.*

Cambux *velo di donna* da cambux, castigl. cambuj.

كَنْبُوش Kanbûś (pronuncia kambûś) *velo da donna* (Alcala: antifaç de novia, velo da muger, Toca de muger Dozy, Suppl.).

Dozy Gloss. p. 245: cambux masque ou voile è couvrir le visage.

Camisa *camicia* da guamise forse dal lat. camix.

قَمِيص qamîṣ *camicia, tunica* (lat. *camisia*); dal sanscrito kshumâ (kshaumi) si fece kshaumas *tela di lino.* Dozy, Gloss. p. 377.

Candil zucchero (*candito*).

Pers. e arab. قَنْد qand *zucchero* dal Sanscr. khanda. Dozy Gloss. p. 247 cande, candi, port. pure candil et cadde.

Canfora.

Pers. كَافُور Kâfur *canfora,* sanscr. Karpûra.

Caparrassa da alcabrusi, castigl. alcaparassa (taparera a Maiorca) *cappero.*

Dozy, Gloss., p. 85: alcaparra cappero da الكَبَّار [al-kabbâr] ou القَبَّار [al-qabbâr] alcabbâr- plutôt du nom d'unité الكَبَّارَة al-cabbâra qu'Alcala donne sous alcaparra. — Bien que ce mot arabe soit d'origine étrangère, l'article al demontre que les Espagnols ont tiré leur alcaparra de cette langue et non du grec κάππαρις.

Carmesi da carmi.

قِرْمِز qirmiz (coll'art. al-qirmiz) *alchermes,* quindi قِرْمِزِيّ qirmizî *cremisino* [Cfr. *kr'imi* sanscrito, = *verme* da un *verme*, detto cocco, o cocciniglia si traeva il rosso *vermiglio*, ossia il rosso del verme, il *carminio*: A. D. G.]

Dozy, Gloss., p. 185: alquermez, carmes donde carmesî.

Catifa *tappeto* da alcatifa, castigl. alcatifa.

قَطِيفَة qaṭîfe *velluto* (velours, satin).

Dozy, Gloss., p. 88: alcatifa, alquetifa *tapis, couverture* da القَطِيفَة al-catîfa qui se dit dans le même sens.

Caviar da hawiar uova di storione salate e pressate, *caviale*, castigl. Caviar.

Turco حاويار ḥâwiyâr per خاويار ḫâwiyâr, neo ellenico χαβιάρ.

Cenefa da aççenefa (ascenifa), *cimosa*, castigl. accenefa, canepa.

صنيفة sanîfe (coll'art. aṣ-ṣanîfe) *orlo, fimbria del vestito;* anche صنفة ṣinfe e صنفة ṣanife (probabilmente *stoffa per guernizione*).

Dozy, Gloss., p. 224: azanefa, zanefa, canefa, port. sanefa *houppe* ou *frange de lit, borde en tapisserie* de الصنفة as-ṣanifa *ora vestis.*

L'accento cénefa si riferirebbe a صنفة ṣánife.

» cenêfa » صنيفة ṣanîfe.

Cerbatana da zabatana cannone per tirare agli uccelli, castigl. cerbatana, [ital. *cerbottana*].

Dozy, Gloss., p. 251: cebratana, cerbatana, zarbatana, port. sarabatana o saravatana, ital. zarabotana [leg. cerbottana], franc. sarbacane [e sarbatane] [neo-ellen. ζαραβοτάνα] da زربطانة zarbaṭâna qui désigne une sarbacane dont on se sert pour tuer les oiseaux. Arab. anche سبطانة che, secondo i diz. arab. originali, solo significa un *tubo di vetro.*

Cero, zero, azero da Sefer.

Dozy, Gloss., p. 253: cero, ital. zero, fr. zéro da صفر cifr (ṣifr). (V. cifro, ciro, cero). Le même mot est devenu aussi *cifra, chiffre.*

Chaffarrato da chafra, *daga corta e larga*, castigl. Chaferote.

شفرة śafra, *taglio, filo della spada* ed anche *lama.* — śafra e śifra e śufra anche *rasoio.* Alcala: *navaja de barvero* s. v. chifra al-mûs, mus è *rasoio.*

Dozy, Gloss., p. 253: chifra port., esp. chifla *racloir* outil des relieurs etc. pour amincir le cuir ecc. En Espagne on prononçait chifra. Alcala: *Tranchete de çapatero.* In chifarote, *ote* è la desinenza romanza.

Chaleco o Jaleçu da chaleca *giubbetto,* castigl. *chaleco:* franc. *gilet.*

Dozy, Supp., p. 291: Jileco de يَلَك yelek. Ce mot à donné naissance à chaleco; le français *gilet* semble avoir la même origine (Müller). يَلَكْ yelek (jelék) est un mot d'origine turque, que les Arabes ont adopté.

Chauz da chaux *sergente, chauz* usato in Maiorca nel senso di *schaus* persona rozza e stupida.

È il turco چاوش, چاووش ciauš, ciawuš, *usciere, araldo, sergente, apparitore,* ecc.

Cofayna da alchofaina.

Dozy, Gloss., p. 144 e 145: aljofaina, aljnfaina, al djofaina, al djufaina est le diminutif arabe de الجُفَيْنَة al-djafna (al-ǵafna), esp. aljafana, écuelle, scutelle.

È singolare in ćofayna la sostituzione della ć a ch, dj.!

Cuscusso da al-cuscusu, cibo de' Mori fatto a piccoli granelli tondi, castigl. alcuzcuzu, alcuzcuz.

كُسْكُس kuskus, كُسْكُسُو kuskusû e كُسْكُسُون kuskusûn (nel Megrebino).

Dozy, Gloss., p. 96: alcuzcuz, alcuzcuzu, alcoscuzu, de الكسكس al couscous. — Chez Alcala sont *hormigos de massa,* une sorte de mets très-usité en Barberie.

A Saint Dominique, la sémence mondée du maïs est appelée *cous's couche* ou *couchecousse,* importé sans doute par les nègres africains (Davic, in Suppl. au Littré). Cfr. pure Dozy, Suppl.

D

Dinar da dinar, castigl. *dinero, denaro,* dal latino.

دينار dînâr in Oriente *moneta d'oro* dal lat. denarius.

Dressena, dressenal da at-tarsana castigl. adrasana, atarezena.

Derivato da دار صناعة dâr ṣinâ'a o دار الصّناعة dár eṣ-ṣinâ'a, *casa del lavoro, fabbrica, sezione del lavoro,* ital. *arsena* e *darsena* d'onde in oriente si derivò poi ترسانة tersâne (per *arsenale*). — Dozy, Gloss., p. 205 seg., alla voce arsenal si pronuncia per dâr ṣinâ'a.

E

Encola da alcolla, castigl. alcolla *orzo* (l. orcio).

قُلَّة qulla, coll'art. al-qulla *grosso vaso di terra.*

Dozy, Gloss., p. 92: alcolla *grande cruche* de l'arabe القُلَّة al-colla.

En là como Mahoma. (En الله come محمّد).

Espressione : $\frac{\text{in Dio come Mahometto}}{\text{con Dio come Maometto}}$.

Escabechu da *sic bac* castigl. escabeche *salsa per conservare il pesce.*

Dozy, Gloss., p. 261: escabeche port. aussi escaveche *sorte de sauce pour conserver longtemps le poisson,* composée de vinaigre ou de vin blanc, de feuilles de laurier, de citrons & de سِكْباخ sikbâǵ ou sikbêǵ.

Ar. سِكْباج è il pers. سِكْبا o سركه با sirkebâ (sirke = *aceto*).

Etzaboge (comunemente per Agastre) usato a Minorca per *oliro selvatico,* da azzabache, castigl. acebuche.

Dozy, Gloss., p. 32: acebuche, port. azambujo *olivier sauvage.* Alcala lo deriva da الزنبوجة az-zanbûǵa. La parola è berbera. Le dictionnaire berbère donne, sous *olivier sauvage* تزبوجث seze-bauǵs. Glossarii arabi più recenti hanno زنبوج zenbûǵ e زبوج zebbûǵ.

Etzerola, atzerola da az-zarora, castigl. acerola, *mela azzarola* o *lazzerola.*

Dozy, Gloss. p. 34: acerola, asurolla (espèce de fruit) da الزعرورة azza'rûra *mespilus azerolus.*

زعرور *néflier, nefle, aubépine.*

Exouar (ajnar), exovar, exogar da *exour.*

Dozy, Gloss., p. 221: axuar, val. eixovar, port. enxoval « lo que la muger lleva quando se casa, de atavios, assi de su persona como del adorno, y servicio de su casa » de الشوار ach-chouâr (aś-suwâr, aś-śiwâr, aś-śawâr). Alcala: *casamiento dote, dote o casamiento de hija.* Mais ordinairement axuar signifie *ameublement, mobilier,* de même que ach-chouâr en arabe: *supellex domestica, trousseau.* Belot: *utensiles de ménage, bagages.* Bistâni: *il miglior dono.*

F

Falaca da falaca *strumento da tortura.* La parola falaca significa *torturare* una persona fisicamente o spiritualmente.

فلق e فلقة falaqa *ceppo* per dare le bastonate.

Dozy, Gloss., pag. 265 s. v. falca a pag. 264 s. v. falaca. — En port. falca est un morceau de bois carré qu'on a coupé avec la cognée du tronc d'un arbre, de فلق falaca (falaqa) *fendre.* (Confrontisi tuttavia, *difalcare,* e il latino falx, *falce* quella che taglia, e il greco πέλεκυς *scure, accetta, mannaia,* strumento di supplizio. A. D. G.).

Falca da falca catal. minorc. *cuneo di legno (cuña da madera).*

Come il precedente, da فَلَقَ falaqa *spaccare* (identico a falaco) فَلْقَة falqa *éclat de bois* (Dozy, Suppl.). (Cfr. ancora it. *difalcare*, ingl. to defalk).

Falea da faluca, castigl. falua (halca).

Dozy, Gloss., p. 214: faluca, ital. feluca, filuca, fr. felouque, « petit navire à voiles et à rames » Jal. — La parola si derivò dall'arab. فُلْك fulk *nave*, ma è parola vecchia e qua e là usata dai pirati, e certamente sconosciuta ai marinai del Medio Evo. — Dozy deriva faluca dall'ar. حَرَّاقَة *nave incendiaria, brulotto* (da حَرَقَ ḥaraqa *bruciare*), poi generalmente *barca* (ḥarrâqa-haloque v. sopra ḥalca-faloque, faluca). — Enfin le mot est retourné aux arabes (فَلُوكَة fulûke, falûke).

Fanal da fanàr lume, castigl. fanal, ital. *fanale*.

فَنَار fanâr *fanale, faro* (greco mod. φανάρι).

Fanfarrò da fanjora, castigl. fanfarron, ital. *fanfarone*, franc. fanfaron.

Diez crede che sia lo spagn. fanfa *folie, vanterie*, che prende per onomatopea. D'onde, secondo il Littré, *fanfare* e quindi *fanfaron*. La forma spagnuola farfante ed il portug. farfalhar (colla r) danno occasione alla derivazione dall'arabo فَرْفَر farfara *essere leggero, chiacchierone*, da cui فَرْفَار farfâr *leggero, chiacchierone* (in ogni caso per analogia, come ثَرْثَر tartar *chiacchierare;* alla ث t (s) in arabo subentra talvolta ف f. come in ثُوم tūm e فُوم fûm *aglio*).

Manca in Dozy.

Farch (pereroso) da faraga.

È فَارِغ fârig *vuoto* (vaso); *libero, pronto, disoccupato, ozioso.*

Farda da farda *fagotto di abbigliamenti donneschi*, castigl. farda [ital. *fardello*, franc. fardeau].

Dozy, Gloss., a p. 108 ha: alfarda, farda, port. alfitra espèce da *contribution* que payaient les Maaresques qui vivaient sous la domination des chrétiens — dall'arab. العَرْدَة al-farda (per الفَرْضَة) *taxe, charge, contribution.*

Alfarda Terme de charpentier, *i due correnti eguali del cavalletto*

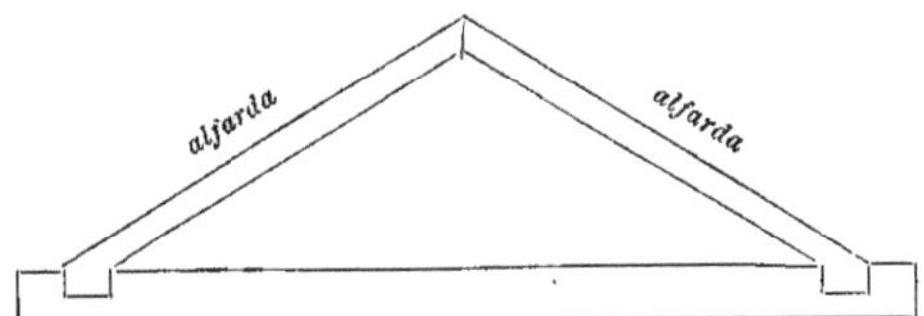

da فَرْد fard, meglio فَرْدَة farda *pars paris altera* l'una parte del paio come un *battente* di porta, una *cinghia* della staffa (étrivière), una parte della soma ecc.

A pag. 380: farda port. *vêtement de soldat, uniforme, livrée,* la cui derivazione dall' arabo egli rigetta.

In quanto a farda per *abbigliamenti donneschi* si può in ogni caso pensare a فَرْط fart *moneta spicciola* (nel mezzo di parola ط ṭ può suonar *d* come in badâna per بِطَانَة biṭâna o baṭâna), ovvero a فَرْد in فَرِيدَة farîde *grossa perla, gioiello* ecc.

G

Gafet (a), castigl. gafeta *(corchete), gancio.*

خطاف ḫuṭṭâf *gancio.*

Dozy, Gloss., p. 267: fatexa, port. fateixa, *instrument à pointes recourbées, croc, petite ancre,* de خُطَّاف ḫoṭṭâf, volg. ḫaṭṭâf e ḫaṭṭêf, donde anche lo spagn. gafete.

Pag. 271: gafete, *crochet.*

Galima.

Dozy, Gloss., p. 272: galima petit vol, de غَنِيمَة ġanîma (ġanîme) «*praeda, rapina*»; conson. *l* per *n* come in بادنجال bâdinġâl per بَادَنْجَان bêdinġân, *melenzana.* Dozy, p. 21).

Gamuza, castigl. gamuza, *camoscio*.

جَامُوس ǵamûs è *buffalo*.

N.B. In questo caso *ch* sta per ج *ǵ*, come p. e. in gerra o charra جَرَّة ǵarra, *giara*.

Gandul.

Dozy, Gloss., p. 272: de غَنْدُور gandour (ǵandur). Alcala: gandour garçon que se quiere casar, barragan valiente, allegado en vando, rofian. — Fem. gandoura, barragana, rofiana ecc. (Estesa dissertazione presso Dozy).

Belot: coquet, fat, faquin, pimpant.

Garbell specie di *vaglio* per mondare il grano, da guirbel castigl. garbello. (Di qui forse l'it. *gerbola* testa leggiera, testa vana, di poco senno, che non tiene nulla, come il vaglio. A. D. G.)

غَرْبَال ǵarbâl (ǵarbêl), ǵirbâl *vaglio*.

In Dozy sotto alvarral, arel e garbillo.

Garraf da garuf, donde anche il franc. carafe, *bottiglia*. Garrafò (grande: *carafa* e *carafon*, nel piemontese, indicano la bottiglia semplice e la bottiglia grande, come *carafina* la bottiglia piccola. A. D. G.)

Dozy, Gloss., p. 274: garrafa, ital. caraffa, franc. carafe dall'ar. غَرَّافَة garrâfa (ǵarrâfa) da غَرَفَ ǵarafa, *attingere*.

Garrama, si usa quando vien meno la giustizia nel prelevare qualunque imposta. Castigl. derrama, garrama.

غَرَامَة ǵarâma *imposta, tassa, contribuzione, multa, debito*.

In Dozy, Gloss., che diviene perciò un *balzello*. Sotto garrama e derrama.

Garrové *carrubio* da Harrub.

Garrova *carruba* da Harruba.

خَرُّوب harrûb *carrubio* (al sing. خَرُّوبَة harrûba).

In Dozy, Gloss., sotto algarroba port. alfarroba.

Gassemi da yasmin *gelsomino* fiore.

Pers. يَاسَمِين yâsamîn, يَاسَمَن yâsaman, يَاسَمُون yâsa-mûn, يَاسَم yâsam *gelsomino*.

Gatzara.

Dozy, Gloss., p. 122: algazara, port. algazarra, it. *gazzarra* e *gazzurra* [غَزَارَة gazâra] *réjouissances à coups de canon, au bruit des instruments militaires, bruit, cris.* — Alcala: gazâra *parla, murmullo de gente, ruydo murmurando, roydo con yra.*

غَزَّار ġazzâr è canneto (fruscio del vento?); غَزَّارَة *una canna.*

Fu riscontrato con algandar di cui sopra; sarebbe الغَنْدَرَة algan-dara *recherche dans la mise, faquinerie* ecc. Vedi ġandul, ghandur: ma la parola e la cosa non hanno che fare l' una con l' altra.

Gavarra da gabarra, castigl. gabarra, franc. gabarre. Specie di nave.

[Ital. gabarra = *grossa barca*].

[Il Diz. dell'Acc. Sp. fa derivare gabarra da carabo e questo dal greco κάραβος donde l'arabo قارب qârib pl. قَوَارِب qawârib.]

Metatesi. Cs.

Gavella da cabila, castigl. gabilla *specie di grano.*

[Il Diz. dell'Acc. Spagn. ha: *gavilla* (del ar. ابيلة abila *haz de forraje.*) *Porción suelta ò atada de sarmientos* ecc.].

Gayta da gayta *cornamusa o pira*, detta anche xeremias [spagn. *chirimía*], specialmente a Maiorca.

Gayté *suonatore di cornamuse.*

Dozy, Gloss., p. 380: gaita *instrument de musique*, de غَيْطَة gaita (ġaiṭa) che si trova in Ibn-Batouta, II, 126, col significato di *flûte* (Engelmann). Dozy è d'opinione che gli Arabi lo abbiano preso in prestito dagli Spagnoli (Ibn Batouta nacque in Tangeri l'anno 1304) — al contrario dice: Suppl.: s. غَيْطَة (esp. gaita) au Maghrib espèce de *hautbois* (Alcala gayta).

Geneta.

Dozy, Gloss., p. 276 e Suppl.: gineta fr. *genette*, espèce de *civette* dont la peau s'emploie en fourrure, de جرنيط ǵarneit (ǵarnaiṭ), presso Cherbonneau (Magreb).

Gerra.

جَرَّة ǵarra *brocca da acqua, orcio, giarra.*
Dozy, Gloss., sotto aljara e jarra.

Ginebró da Az-zinchibil, o meglio può derivare dal latino *juniperus*, ital. *ginepro*, castigl. agengibre. (Nell' italiano trovasi pure, in rima, adoprato *ginebro* per *ginepro*. A. D. G.)

زَنْجَبِيل zenǵebîl *ginepro.*

Dozy, Gloss., p. 52: Agengibre, gengibre, gengible, الزَّنْجَبِيل az-zenǵebîl *gingembre.*

Girafe, castigl. girafa — *giraffa.*

زَرَافَة zarâfa, زُرَافَة zurâfe *giraffa.*
Dozy, Gloss., p. 278: girafa de زرافة zarâfa ou zerâfa.

Gunica, castigl. Gumia dega, puñal.

Dozy, Gloss., p. 282: gumia, port. gomia, agomia, agumia *couteau combe* en usage chez les Maures, espèce de poignard, da cui è derivato il magreb. كُمِّيَّة kummiyye *pugnale* da كُمّ *manica,* perchè, secondo l'opinione del Dozy, si soleva portare questo pugnale nella manica. Lo stesso ripete nel Suppl.

Gutapercha da Guta percha, castigl. gutapercha *guttaperca.*

È malese: getah pertjah gomma di Pertjah, cioè di Sumatra. Cf. Littré s. v.

J

Jacera, jacena de choœn.

Dozy, Gloss., p. 289 Jacena *tasseau, poutre de traverse* sur laquelle les solives sont assises. Serait ce جَائِز ǵâ'iz *poutre* avec la terminaison esp. ena?

جَائِز ǵâ'iz *trave, trave trasversale* fa il pl. جُوزَان ǵûzân e جِيزَان ǵîzân donde chocen.

Jaique da hagg *vestito, mantello*, castigl. jacque.

Corrisponde meglio al francese *jaquet*. (It. *giacchetta*).

Littré, jaquet diminutif de jaque, ital. *giacca*, tedesco jacke. On ignore l'origine de ce mot (roman. ou allemand?) Ducange demande s'il ne vient pas de Jacques, les paysans révoltés (Jacquerie, 1358). (On peut ajouter ici, par analogie: qu'en Piemont et en France, on appela Carmagnola la jacque des ultra-révolutionnaires qui avaient chanté en 1792 l'horrible chanson intitulée *La Carmagnole* dirigée contre la Reine Marie Antoniette, et dont chaque couplet se terminait par le refrain: Dansons la Carmagnole | Vive le son | Du canon. A. D. G.) Il paraît avoir été fait dans le XIVe siècle.

حَيْك ḥaik (pl. حِيَاك ḥiyâk) e حَائِك ḥâ'ik, hâjik en Afrique *grand manteau de laine*, ordinairement blanc, qui sert de vêtement pendant le jour et de couverture pendant la nuit. Dozy, Suppl. e Vêtements 147-153.

L

Llimona da leymoun, laumi, ital. *limone*.

Pers. ليمو lîmû e ليمون limûn o لَيْمُون laimûn e لَيْمُو laimû.

M

Macatrafa da magatraf, castigl. mequetrafe.

مَا قَدْ عُرِفَ mâ qad 'urifa *ciò che è già noto, conosciuto, saputo.*

مَا قَدْ عَرَفْتَهُ (عَرَفْتَ) mâ qad 'araftahu ('arafta) *ciò che tu già sai.*

? مَا قَدْ عُرِّفَ mâ qad 'urrifa *ció che già è stato partecipato.*

مَا قَدْ تَعْرِفُ (تَعْرِفُهُ) mâ qad ta'rifu (ta'rifuhu) *ciò che tu ben sai.*

Sarebbe infondato forse:

مَا كَتَعْرِيفِهِ mâ kata'rîfihi *ciò che è come la sua partecipazione, com'ei fu partecipato.*

مَا كَالتَّعْرِيف mâ ka't-ta'rîf *ciò che è come la partecipazione, come (fu) partecipato.*

[Diz. Acc. Spagn.: *mequetrefe* (Dall'ar. مغطرف mogatref *petulante*) m. fem. Hombre entremetido, bullicioso y de poco provecho]. Cs.

Magatzem da almascen, castigl. almacen, ital. *magazzino*, franc. magasin.

مَخْزَن maḫzen pl. مَخَازِن maḫâzin *magazzino* (luogo da accumulare, da riporre) da خَزَنَ ḫazana *ammucchiare.*

Dozy, Gloss., p. 147, s. v. almacen, *almagacen.*

Mangara.

La *caverna* che sarebbe مَغَارَة magâra (√ غور gawara donde غَار gâra) perchè spesso si tira dalle cavità.

Maravedis, morabati.

Dozy, Gloss., p. 301: maravedi *petite monnaie* de la dynastie des Almoravides de مُرَابِطِيّ morâbitî (murâbiṭî). Engelmann.

Dans l'origine une monnaie d'or, un dînâr: دِينَار مُرَابِطِيّ dînâr morâbitî qu'on appellait *morabitinus*, en provençal *maraboti*; plus tard c'est devenu une monnaie d'argent et même de cuivre.

Masmorra, (z) castigl. mazmorra da matmorra *prigione*.

Dozy, Gloss., p. 312: mazmorra *cachot, fosse, prison* de مَطْمُورَة matmôra (maṭmûra) que P. de Alcala traduit par *algibe, prision, cueva, carcel en el campo*.

مَطْمُورَة maṭmûra *caveau, fosse* où l'on conserve le blé ecc.; *silo* da طَمَر ṭamara *riempire* (una fossa). Fossa per carcere.

Matafaluga, matafalua *anice* dall'ar. mata e halua.

Dozy, Gloss., p. 238: batafalua, batafaluga *anis*, de l'arabe حَبَّة حَلْوَة habba-halva (ḥabba ḥulwa, volg. ḥalwa) *grano dolce; m* per *b* è frequente (Dozy, p. 20).

Matalaf da matrah, valenz. matalaf, *materasso*.

مَطْرَح maṭraḥ *luogo dove si getta qualche cosa*, significa pure *letto, materasso*.

Dozy, Glòss., p. 151: almadraque, cat. almatrah, *lit, matelas* de المَطْرَح al maṭraḥ *lit*.

Si veda anche Dozy, Suppl. ed il Vocabulista pubblicato dal prof. Celestino Schiaparelli pag. 471 مَطْرَح maṭraḥ = *Matalafium, marfega* p. 189 = *teped* e 602 = *tepetum, matalaf*.].

Matraca da matraq. Matraca *tenebre (raganella)* ruota di legno con aste pur di legno attorno, che serve di campana in alcuni giorni della settimana santa. Si chiama pure Matraca quello strumento di legno (Tabella) che in quei giorni si usa all'altare (invece del campanello).

(مِطْرَق miṭraq e) مِطْرَقَة mitraqa, *martello, maglio, batacchio*. Dozy, Gloss., 310: matraca *crécelle* dont on se sert, au lieu de cloches, dans la semaine sainte, de مطرقة mitraqa, *marteau*, in Bocthor *crécelle*.

Maxiganga da magxi *moscaio*.

Pers. مكس meges *mosca, zanzara*.

Mesqui, ital. *meschino, povero*.

Dozy, Gloss., p. 314, s. v. Mesquino مِسْكِين miskîn, مَسْكِين meskîn *povero, misero* (colui che è attaccato alla gleba). Anche Littré deriva il fr. *mesquin* dall'arabo.

Mingo da menon, forse anche da *minor* il *minore*.

Mitg da metih, forse da *medius*, *mezzo*.

Mirall. franc. miroir. (Cfr. lat. mirabilis).

مِرْآة mir'ât (مِرْآيَة mir'âje, مِرَايَة mirâje) *specchio*. Dozy non ha questa parola nel Gloss.; cita però nel Supp. Pedro de Alcala: مِرَا mirâ *espejo*. — Littré, *miroir* deriva da *mirer*; prov. *mirador, miraor, mireor* = *le mireur, miroir, miroer, mirouer* = l'instrument à mirer.

Mistich da mistah *specie di nave*, castigl. ed ital. (?) *mistico*.

مُسَطَّح musattah, sorte de navire, peut être un navire qui a un pont, un tillac (سَطْح *piano, ponte, coperta*) Dozy, Suppl.

Dozy, Gloss., p. 314: *mistico*, catal. mestech *sorte de navire* de مِسْطَح mistah, qu'il faut prononcer مُسَطَّح musattah.

Mostassa e **Mostassaf** colui che soprintende ai pesi e misure; almostacen, almotacen, almostahlaf. Mostasseria l'ufficio relativo.

اَلْمُسْتَحْلَف al-mustahlaf *il giurato*, ispettore dei prezzi del pane, della carne, del vino, ecc.

Dozy, Gloss., p. 177: almotacen, almutazafe, port. almotacel *inspecteur des poids et mesures*, de المُحْتَسِب al-mohtasib (al-muḥtasib) *ispettore del mercato.* Dans le *Fuero* de Madrid on trouve la forme almutaceb (e questo fa autorità).

Muare, franc. *moire.*

È مُخَيَّر muḥayyar. — Dozy, Suppl. (secondo Devic) : مُخَيَّر *camelot moire* (Bocthor, Egitt.). — Belou ("Les observations de plusieurs singularités" ecc. Paris, 1588, pag. 451) : « *Camelot* ou *moncayer* ». Rauwolf ("Eigentliche Beschreibung der Raisz" ecc., Laugingen, 1582): 98.216 nomme parmi les étoffes : " Türckische Macheyer. " — Richardson : « a kind of coarse camelot or hair cloth ». Inglese *mohair*, ital. *mocajardo, mucajardo,* [e *mocajarro* che più si avvicina al muḥayyar].

Mussulina da mancili *tela fabbricata a Mosul*, castigl. muselina, it. *mussolina.*

مَوْصِلِيٌّ manṣiliyyun, مُوصِلِيٌّ muṣiliyyun da مَوْصِل mauṣil, موصل mûṣil *Mossul.* Dozy, Gloss., s. v. *muselina.*

N

Nadir il contrapposto allo Zenit, da Nadir, castigl. *Nadir.*

نَظِير nazîr, volg. naḍir, *corrispondente, identico,* (نَظِير السَّمْت) cioè la direzione verso il basso corrispondente alla direzione verso l'alto (سَمْت semt *zenit,* coll'art. السَّمْت es-semt, pronunciato alla turca azzimut).

Dozy, Gloss., p. 323 s. v. nadir.

O

Oruga anche Uruga da oruca *bruco* [ruga], castigl. oruga.

Non si trova in Dozy, Gloss.

عِرْق 'irq pl. عُرُوق *arterie, vene,* si usa pure metaforicamente per *filamenti, barbe di radici* e simili; quindi non fa meraviglia che sia applicato anche ai *vermi.*

Dozy, Gloss., s. v. عِرْقُ الأَرْضِ 'irq-el-'ard *ver de terre* (lombrico). On semble leur avoir donné ce nom parce qu'ils ressemblant aux veines de la terre. Du pl. عُرُوقٌ 'urûq le vulg. en Espagne a formé le nom d'unité عُرُوقَةٌ 'urûqa, qu'Alcala donne dans le sens de *chenille, ver qui ronge la vigne* (gusano que roe los pampanos, oruga gusano, pulgon que roe las viñas). L'espagnol *oruga* vient peut être de ce mot; je n'ai pas osé l'admettre dans le Gloss. Esp., parce qu'il peut venir aussi du latin *eruca*, qui, de même qu'*oruga*, a le double sens de *roquette* (ruta) et de *chenille* (eruca, classica eruca).

P

Percal da pergal, castigl. percal, stoffa [*percalle*].

È il pers. پَرْگَال pergal e پَرْگَالَه pergâlé (anche پَرْگَارَه pergaré) genus *panni* seu *vestis* e bysso vel bombyce crassioris, similis panni generi quod مِثْقَالِي (miṭqâlî) dicitur. — Vullers, Lex. pers.-lat.

È pure una specie di vestito di panno grossolano fatto di lino o di cotone, simile al panno, il quale è chiamato miṭqâlî.

مِثْقَالِي miṭqâlî specie di lino, ibid.

Presso Littré: *percale*, incertain.

Q

Quintá da quintar, castigl. quintal peso di 4 arrobas, it. *quintale*.

Dozy, Gloss., p. 327: quintal *poids de cent livres*, de قِنْطَار qinṭâr (qintâr).

قنطار qinṭâr servì pure alla derivazione di *Cantaro*.

Quitrà da quitran *catrame.*

قِطْرَان qiṭrân, قَطْرَان qaṭrân *catrame.* Anche qaṭirân.

Dozy, Gloss., p. 186: alquitran *goudron*, القِطْرَان al-quitrân, du verbe قَطَر qatara *stillavit, gocciolare.*

R

Rabada da rabedan.

Dozy, Gloss., p. 327: rapadan *maître berger.* « El padre Guadix dize que vale tanto como el gran pastor, ó el señor de las ovejas, en la lengua Arábiga ». Je crois avec lui que c'est رب الضان rabb ad-dhan (rabb aḍ-ḍân per ḍâ'n), *le maître des moutons.*

Rafal da rahal, castigl. rafal. rahal. rafullo *casa fuori della città.*

رَحْل rahl (come rachl) *maison hors d'une ville, terre, métairie, hameau* (Dozy, Suppl.). Propriamente *luogo di fermata,* da رَحَل rahala *andarsene, cambiar dimora.*

Dozy, Gloss., p. 328: rafal, rahal, rafallo. À Majorque le mot rafal signifie: *une maison hors d'une ville, une terre, une métairie, un hameau.* C'est l'arabe رحل raḥl *l'endroit ou l'on demeure.*

Rambla bene da ramleh (*sabbia*) passeggiata con una strada coperta di sabbia. La maggior parte delle città di Spagna hanno ordinariamente una *rambla* ombreggiata da piante.

رَمْلَة ramla, *luogo coperto di sabbia, grande plaine sablonneuse* (Dozy, Gloss., p. 329).

Raqueta da raha *strumento per giuocare alla palla* (pelota), castigl. raqueta. it. *racchetta* o *lacchetta.*

رَاحَة è la palma della mano; *poignée, contenu de la main,* (spiegazione araba: riempimento della mano con qualche cosa che si prende). Ha pure il significato di *riposo, comodità, ricreazione* e (Dozy, Suppl.) *récréation, divertissement, partie de plaisir* (che qui può anche passare). Cf. Dozy, Suppl. Nel suo Glossario nulla v'ha in proposito.

Littré, pure alla voce *raquette*, accenna a *la rachette* de la main; la *rasquette* du pied. « Lorsque les *tripots* furent introduits par la France, on ne savait que c'estoit que de raquette, et on y jouoit seulement avec le plat de la main » (Pasquier [1529-1615] recherches, IV, 15). Mais le mot est ancien dans la langue sous la forme de *rachette*, *rasquete*, et il signifie la *paume de la main*, *la plante des pieds*, et c'est le diminutif du bas latin râcha qui signifie le *carpe*, le *tarse* et qui vient de l'arabe.

Recamar, it. *ricamare*, castigl. recamar.

Dall'arabo رَقَمَ raqama *disegnare*, *scrivere*, *ricamare*, *intessere*, *decorare* — *tisser des raies.* رَقْم raqm, ráqam *scrittura*, *decorazione*, *ricamo*.

Dozy, Gloss., p. 319, morcum: morgom (ar. مَرْقُوم marcôm [marqûm] *rayé*) e p. 329 recamo, ital. *ricamo*, *broderie* (رَقْم s. v.).

Rivet da ribet, castigl. ribete *lunga striscia di panno*, *nastro* Franc. rivet. [forse è pure da confrontarsi il *rivagno* di Dante, striscia, lembo, *ripa*, che sta per *rivagno* A. D. G.]

رِبَاط ribâṭ *striscia*. — Dozy, Gloss., p. 335: ribete *bord*, *bande* de رِبَاط ribét (ribâṭ) que Bocthor (pour l'Egypte) traduit per *bande*, *longue morceau d'étoffe*.

Romana.

Dozy, Gloss., p. 335: romana, franc. *romaine* (peson instrument dont on se sert pour peser avec un seul poids) de رُمَّانَة rommâna (rummân). Bocthor, *poids* et *romaine*. Anche nome d'unità رُمَّانَة rommâna (rummâne) da رُمَّان rommân *melogranato*, portog. romãa.

S

Sabata, ital. *ciabatta*, franc. savate, castigl. zapato. Zapatero, *ciabattino*.

Non si trova in Dozy, Gloss., ma in Suppl. s. v.

سَبَّاط sabbât *pantoufle jaune sans talon*, et: *Soulier rouge* qui laisse le cou-de-pied entièrement à découvert. Egli dichiara il vocabolo come basco (citando Mahn: Etymologische Untersuchungen auf dem Gebiete der Romanischen Sprachen p. 16). — Sarebbe dunque dalla Spagna passato nel Magreb, e quindi anche introdotto nei Lessici berberi.

Littré s. v. savate. Origine incertaine. Picard. chavate, ital. *ciavatta*, piemontese *savata*. Mahn: zapata *soulier;* zapatain *cordonnier* (basque).

S. v. sabot. Origine incertaine. Cependant on ne peut guère s'empêcher de la rattacher au mot *savate*, bas-latin *sabbatum*, *chabate*.

Saetia *piccola nave a due alberi* [ital. Sec. XIV-XVI *saettia*] es.

Si potrebbe pensare a شَطَّاح šaṭṭâḥ *qui est toujours en mouvement* (moulin); magreb. *danseur*, fem. شَطَّاحَة šaṭṭâha *danseuse* (Alcala: *bailador*, *bailadora*, *dançador*, *dançadora*). Dozy, Suppl.

Nel Mar Rosso ed Indiano سَاعِيَة sâ'iya è *battello rapido, postale* (fem. di ساعٍ, ساعي sâ'î *rapido, messo postale:* per سَفِينَة سَاعِيَة sefîne sâ'iye *nave rapida*). (In Sicilia, è rimasto il cognome Saya, pronunciato saiya. Forse è qui da pensare al latino sagitta, che guizza e diviene *saetta* nell'italiano; di cosa rapida si dice che *va come una saetta* termine che poteva convenire ad una nave rapida. Si ricordi il Virgiliano nel decimo dell' *Eneide:*

> Dixerat et dextra, discedens, impulit altam,
> Haud ignara modi, puppim; fugit illa per undas
> *Ocior et jaculo, et ventos aequante sagitta,*

e applicato, per l'appunto, ad una nave. A. D. G.)

[Diz. dell'Acc. Spagn.: Saetia (de *saeta*). Embarcacion latina de tres palos y una sola cubierta menor que el jabeque y mayor que la galeota, que servia para corso y para mercancia].

Si veda però il Dozy Suppl. √شطّ dove si trova questa spiegazione con rinvio al Jal.

Safennari, sefennari da zanahoria. (*Pastinaca*).

Dozy, Gloss., p. 224: azanoria, zanahoria, azahanoria, acenoria, cenoria; chez Alcala çanahoria, izfernia; Valenz. safenoria, de سَفْنَارِيَة safnâriya, safunâriya, *panais, pastinaca.*

Safereig.

Dozy, Gloss., p. 358: zafareche *étang*, et zafariche *endroit ou l'on met des cruches pleines d'eau* (par exemple au buffet), de صِهْرِيج ṣihrîǵ (anche صُهَارِج ṣuhâriǵ, pl. صَهَارِيج ṣahârîǵ) *étang, cisterna, vasca.*

Safrá, it. *zafferano*, franc. safran, castigl. azafran.

زَعْفَرَان za'farân *zafferano* (la rassomiglianza con صَفْرَاء ṣafrâ *giallo*, femm. non è che accidentale).

Dozy, Gloss., p. 223: asafran, port. açafraõ da الزَّعْفَرَان azza'ferân.

Salema. Cantando si suol dire: *quina salema bas* [1], il che torna all'espressione (?) *che tu stia bene (?)* da salem, saluto.

سَلَام salâm significa pure la benedizione con cui l'imâm congeda la comunità: quindi: le second cri des moëzzins dans les nuits du mois de ramadhân, une demi-heure après minuit: il che combina con quanto sopra. (Lane presso Dozy).

Samarra, da xamarra *frac, vestito* (it. *zimarra*).

Samareta, pure xamarota diminutivo.

Dozy Suppl. s. v. شَمْرَة śamra, *vestimentum* est peut être l'esp. chamarra, zamarra volg. *chambra* qui est d'origine basque (Diez) et qui signifie *vêtement de peau de mouton avec la laine*, que portent les bergers en hiver.

[1] Espressione, io credo, mista di spagnuolo ed arabo cioè: « Quien ha السلامة فشي = chi ha la salute non ha bisogno d'altro ».

Saragatana da zarcatana, castigl. zaragatana. Pianta [*psillio, pulicaria*].

Dozy, Gloss. p. 365: zaragatona, zargatona, *herbe aux puces*, semble être une altération du قَطُونَه بَزْر bazr catônâ (bezr qaṭûnâ) *plantago psyllium, herbe aux puces* (Bocthor). — Il semble d'origine persane (Vullers, Lex. pers.-lat. ha: زَرْقَطُونَا zerqaṭûnâ = دَزَرْقَطونا bezr qaṭûnā *psyllium*). بَزْر od anche بَذْر besr è *seme*. P. de Alcala traduit zargetona per zarcatôna.

Saraquello sarqfell da sarauil.

Dozy, Gloss., p. 365: zaraguelles, port. ceroulas *sorte d'anciennes culottes plissées* da سَرَاوِيل sarâwîl pl. di سِرْوَال sirwâl *culotte* (pantalons très larges).

Sarrahi da xarquin, castigl. sarraceno, ital. *saraceno*, franc. sarrasin.

Si deriva in varia maniera: o da

شَرْقِيُون śarqiyyûn volg. śarqiyyîn *orientali* (da شَرْق śarq *oriente*), e questa io credo la vera derivazione:

oppure da:

سَرَّاقُون sarrâqûn, volg. sarrâqin *ladri matricolati, briganti* (da سَرَق *rubare*).

Seca, castigl. seca, ital. *zecca*.

سِكَّة sikka, sikke, *conio, coniatura, moneta*: دَارُ السِّكَّة dar es-sikke *casa della moneta*, veneziano *zecca* d'onde *zecchino*.

Sen, senet, *uomo vecchio* (lat. senis, senior).

Dozy, Gloss., p. 340: sen, sena, senes, port. sene, senne, franc. séné da سَنَاء senâ o sené (volg. señá, anche سَنِي séna).

Sini *bindolo*.

Sini è lo spagn. *aceña* che viene dall'ar. السانِيَة as-sâniya, che è quel meccanismo chiamato in Toscana *bindolo* (composto di una ruota su cui girano de' sacchi legati a catena, mossa con ingranaggio da un asino o altro animale) e corrisponde alla *noria* che è l'arabo الناعور an-nâ'ûr, usato in Spagna, Siria ed Egitto.

Senia, come Sini.

Dozy, Gloss., p. 33: aceña, acenia, port. azena, azenia, acenia, asenha, assânia, espèce de *machine hydraulique*, de السَّانِيَة as-sâniyah, as-séniya [as-sêniya, raddolcimento — imâle — della lunga *â* in *ê*] que P. de Alcala traduit par *aceña*.

Belot: *roue hydraulique; bête qui la fait tourner.*

Sequi, castigl. cequì, ital. *zecchino*, franc. sequin.

Vedi *Seca*.

Sindria (cindria) da Sindiya *cocomero*, castigl. acendria, sindia.

سِنْدِيَّة sindiyye fem. di سِنْدِيّ sindî *che viene dal Sind*, (India, la regione del fiume *Sindhu* o *Indo*), specie di melone (cocomero) pour البِطِّيخ السِّنْدِيّ el-biṭṭîḥ essindî.

(Dozy, Gloss., p. 339, s. r. sandia).

Siquia castigl. acequia *canale per condurre l'acqua* [ad uso di irrigazione ec.].

سَاقِيَة sâqiya, sâqiye, coll'art. السَّاقِيَة as-sâqiye, *canale da irrigare, condotta d'acqua, canale.*

Dozy, Gloss., p. 34: acequia, cequia *canal, conduit d'eau* da الساقية as-sâquiya ou as-sêquiya.

(In arabo occorre sovente *ê* lunga per *â* lunga, e questa sostituzione prende il nome di إمَالَة imâle *deviamento* [cioè raddolcimento di vocale]).

Soca *tronco d'albero*, da soc, castigl. zoca.

سَاق sâq *gamba, tronco d'albero.*

Sofa da soffa.

Dozy, Gloss., p. 340: sofa port. et franc. de صفّة çoffa (ṣuffa, ṣoffa) *banco di pietra.* — Belot: *coussin que l'on met sur la selle, estrade, banquette.* (Cfr. ital. *soffice*).

Sitja, catal. sija, *luogo per fare il carbone.*

Credo che venga da السطيحة as-saṭîha *spianata.* Vedi, del resto, Dozy, Gloss., p. 228, s. v. azotea e Suppl. s. v. سطح e Diccion. Acad. Esp. s. v. azotea.

Somera (asina?) forse da Hemar; cfr. l'italiano *somaro.* Si può anche derivare da *soma, somme, bête à somme, bestia da soma.* Somerih da hemerjeh, *conduttore d'asini.*

Se someréh significasse *conduttore d'asini* tornerebbe all'arabo حماري ḥimârî (per حمّار ḥammâr), chè così pronuncerei in tale supposizione; e quindi *somera* sarebbe حمارة ḥimâra *asina.*

Intorno a *somme* si legge in Littré: *somme* charge d'un cheval, d'un âne, d'un mulet. Environs de Paris: *sôme*, génev; *saume* ânesse; prov. *sauma*, esp. *salma*, ital. *soma* — du bas-latin *salma* qui vient du latin *sagma*, qui est le grec σάγμα *selle, charge.*

Mistral, Dict. prov.-franç.: *saumo, saume, soumo, somo* (rom. *saume, somme, somma*), catal. *sauma*; bas-lat. *salma, sagma*, grec σάγμα charge d'une bête de somme. Anche *ânesse, bourrique.*

Surell da xuril specie di pesce, castigl. xurel, jurel.

Dozy, Suppl.: شُرال śurâl esp. *poisson de mer semblable au gardon,* Alcala *xurel* el pescado.

[fr. *saurel.* Il Diz. dell'Acc. Sp. fa derivare *jurel* da *saurel* e questo dal greco σάρδα (?)].

T

Tabal, cast. tamborni, da tabal e atabal o attabal. Atabalar (axordar) *assordare col tamburo.*

طبل ṭabl *tamburo.*

Tacany *meschino* castigl. tacaño da taeach. [it. *taccagno*]. Tacanyeries *meschinerie*.

Può essere forse طحّان taḥḥân (Müller, s. v.) *leno, trafiquant de débauche, cocu*. Dozy, Suppl.

Il Diz. dell'Acc. Sp. lo fa derivare dall'italiano *taccagno*, che vale *sordido, spilorcio, avaro*, (forse colui che guarda alle piccole tacche, ai nei, alle macchiette; cfr. il francese tache. A. D. G.)

Tafona da tahona *mulino, molino da olio*, castigl. tahona.

طاحونة ṭâhûne *molino* Dozy, Gloss., p. 209; atahona, tahona, port. atafona.

Tafoné *colui che attende al molino da olio.*

Non può essere che طحّان ṭaḥḥân *mugnaio* (v. sopra). Dozy, Suppl. ha طحّانة ṭaḥḥâne *dent molaire*. Ne' Lessici: طاحن ṭâhin (*qui mout*, qui se tient au centre de l'aire [bos in media area consistens, Freyt.]. — Dozy, Gloss., p. 347: tahen (ṭâhin) *bête de somme qui fait tourner la meule*. طاحنة ṭâhine *meule & moulin*, Dozy, Suppl.).

Taifa *adunanza, borgata, gente.*

طائفة ṭâïfa *congregazione, compagnia, comunità, tribù, corporazione*, ecc. Dozy, Suppl., ha pure: *le tribunal suprême.*

Talcu *pietra trasparente, Talco*, castigl. *talco.*

Dozy, Gloss., p. 347: talco *talque*, franc. *talc, pierre spéculaire* de طلْق ṭalq. È il persiano تلْك talk.

Taleca, castigl. talega, *sacco di tela corto e largo.*

تعليقة ta'lîqa *qualche cosa da attaccare: collana, sacco* ecc., da علِق 'aliqa *aderire*; altra forma علّق 'allaqa *attaccare, sospendere*. Dozy, Gloss., p. 54: alahilca colgadura, ò tapiceria para adornar las paredes = arab. العلّقة al-'ilqa *amuleto, cortina* (vecchio ted. *Umbehanc?*), anche التّعاليق at-ta'âlîq pl. di تعليقة ta'lîqa per *cortine.*

Tamarell, castigl. tamarindo (pianta *tamarindo*).

تمرٌ هنديٌّ tamrun hindiyyun, volg. tamr hindî, *tamarindo.*

Dozy, Gloss., p. 347: tamarindus de تمر هندي tamr hindi *datte des Indes.*

Tambor.

Dozy, Gloss., p. 374: atambor, tambor, it. *tamburo,* ecc. da طُنبور tonbour (ṭunbûr) mot arabe qui dérive du persan tanbour (Engelmann). — C'est une grave erreur. — L'arab. طُنبور indica una lunga tastiera; il persiano significa un grosso tamburo da guerra di rame (timballo). — تَبِيرَه tebîre o تَبِير tebîr, تَبُورَاك teburak, *tamburello.* — C'est un mot (peut'être d'origine celtique), (secondo Pott) emprunté aux Espagnols et que les Mauresques de Grenade écrivaient, non pas طُنبور ṭunbûr, mais تنبور tenbur (Dozy).

Tara, ital. *tara.*

طَرَحَ ṭaraḥ *diffalcò,* طَرْح *defalco, sottrazione* طَرْحَة ṭarḥa *ciò che è diffalcato.* (Spagn. anche atara, coll'art. الطَّرْحَة aṭ-ṭarḥa).

V. Dozy Gloss., p. 313: Merma (ciò che è detratto) = *tara.*

Tárcol da talc *talco.*

طَلْق ṭalq = *talco, talque?* (Cfr. Talcu).

Tarida da tarida *battello da trasporto,* castigl. tarida.

Dozy, Gloss., p. 350: Terides val « ciertas navecillas sin remos, para llevar cavallos » cat. et prov. tarida (ṭarîda) *vaisseau de transport.* Rad. طَرَدَ ṭarada *cacciare, cacciare o spingere innanzi a sè* e simili. Anche طَرَّاد ṭarrâd e طَرَّادَة ṭarrade, *nom d'un bâtiment.* Dozy, Suppl.

Tarifa da tarifa, castigl. tariffa, ital. *tariffa.* (Tariffa, secondo che si afferma, dalla città omonima dove fu introdotta per la prima volta, è falso).

É تَعْرِيفَة ta'rife (altra forma di تَعْرِيف ta'rif) *il portare a cognizione, notificazione sul prezzo,* ec. dalla √ عَرَفَ 'arafa, *sapere, conoscere,* II forma: عَرَّفَ 'arrafa *far conoscere.*

Dozy, Gloss., p. 348 tarifa.

Tarima da tarima *tavolato mobile,* castigl. tarima.

Dozy, Gloss. p. 348: tarima (port. aussi tarimba) *estrade* de طَرِيمَة tarîma (ṭarîma) que P. de Alcala traduit par *cama de madera.*

Dozy, Suppl. طَرِيمَة *lit de bois,* « couche ou châlit de bois à la moresque; tribunal élevé de trois ou quatre degrés que l'on met ordinairement sous les dais, marchepied ».

Taronja da taroncha, castigl. naranja, *arancio.*

تُرُنْج turunǵ *arancio,* nome d'unità (un pezzo) تُرُنْجَة turunǵe.

Dozy, Gloss., p. 351: toronja sorte de citron de تُرُنْجَة torondje (turunǵe).

Tassò, castigl. taza ital. *tazza.*

طَسّ ṭass, طَسَّة ṭassa, *bicchiere, tazza.*

Dozy, Gloss., 349: taza, franc. tasze de طَسَّة ṭassa.

Tova da tub *mattone non cotto,* cast. *adobe.*

Dozy, Gloss., p. 46: adobe *brique crue* de الطُّوب at-tôb (aṭ-tub) *mattone.* Nome d'unità (un pezzo) طُوبَة ṭûbe e coll'articolo aṭ-ṭûbe.

Trutximan (truchiman) *interprete*, fr. drogman, ital. *dragomanno*.

ترجمان targumân *interprete* (da cui derivano: l'antico *durzelman*, *trutschelman* ecc.; il tedesco è derivato dal polacco Tlumacz, boemo tlumac' — la parola stessa è antichissima semitica).

Dozy, Gloss., p. 351: trujman, val. torcimony da ترجمان targemân, tergomân, torgomân, *interprète*.

Tumbago *anello liscio* da tonbac, castigl. tumbaga.

Littré: tombac, esp. tumbaye, port. tombaque, it. tombacco du malais tambâga, *cuivre* (Diz. 346).

Tupi da tepe, castigl. tupi, *pettinato alto*. Si dice pure dei cavalli che hanno un'unghia alta: *cavall tupi*. *Toupè* deriva dalla stessa radice.

Turco orientale (ciagataico): تويه tupé *sommet de la tête, monticule* (Pavet de Courteille, Dict. turc-oriental).

Littré: toupet, bourguignon tôpô *haut de la tête;* diminutif de l'ancien français toup qui vient de l'allem. zopf *touffe de cheveux*. (Cfr. it. *toppo*, *in-toppo*).

Turqué *azzurro*, *turchino* da turqui, castigl. turquí.

Ar. تركي turki, *turco*.

Littré: turquoise qui était l'adjectif de turc. Prov. et esp. turquese, it. *turchese*. Les turquoises ont été trouvées d'abord dans ce que (le voyageur) Chardin (1643-1713) nomme la Turquie ancienne et véritable. (La *turchina* o *turchese* si trova già ricordata nelle rime del Berni e nelle novelle del Firenzuola, nel cinquecento, e si faceva derivare dal colore, che allora si chiamava *arabico* o *turchino;* ma è certa l'origine della pietra turchese dal paese dei Turcomanni. A. D. G.)

Mistral (Dict. prov.-fr.): turqueś, eso, rom. turques, esa, cat. turquesè orginaire de Turquia. — Turqueso, turk ecc.

U

Uberginia, albergiuia da barancliana *melanzana* (in piemontese *marinzana*, che parrebbe alludere alla sua *amarezza* la quale si toglie soltanto, cambiandole l'acqua tre volte, dopo che fu messa a bollire. A. D. G.) Pianta castigl. albergena, berengena, franc. aubergine.

Littré: *aubergine* diminutif de *auberge, alberge*, sorte de pêche ecc. esp. *alberchigo, iga*. Mot douteux. Ménage le tire de *albus*, à cause de la blancheur du fruit, ma è falso. (Forse è da confrontarsi, dato che il primo elemento sia *albero* con *albi-cocco, alber-cocco*, in piemontese, *arbi-coc*, con *aprikose* e con *albaricoque*. A. D. G.)

Dozy, Gloss., p. 239: berengena, port. beringela, bringella *mélongène, aubergine* da بَادَنْجَان bêdingên (bâdingân) *solanum melongena*. On trouve aussi *alberengena* avec l'art. arabe.

X

Xalec (propriamente *fer xalec*) *far complimenti* da salam aleik.

Dozy, Gloss., p. 362: zalema *révérence, salut respectueux* de سَلاَم salam ou salèm *salut*, ou bien de l'expression salâm 'aleik (سَلاَم عَلَيْكَ salâm 'aleika) *salut sur toi*. Comme les flatteurs prodiguent les salâmelecs, *zalama* et *zalameria* ont reçu le sens de *flatterie, adulation outrée*. — Hacer zalameries (oppure zalèmes) *cajolar, flatter* ecc.

Xaloq.

Dozy, Gloss., p. 355.

Xirque, *vent du sud-est* da شَرْقِي charqui (śarqiyyun, volg. śarqî *orientale*), ital. *scirocco*, pronunciato dal volgo, anche *scilocco*, port. xaroco, xarouco, espagn. xaloque.

Ce xaloque est revenu aux Arabes. Ils l'ont prononcé: شَلُوق شَلُوك chalouc, chelouc, cholouc (śalûq, śulûq, śaluk, śulûk). Già P. de Alcala ha (l'arabo) xulûq, *viento entre oriente y austro.*

Xapar *lo spaccato.*

Può per metatesi derivare da شعب śa'aba *separarsi*, شعبة śu'bo (pl. شعاب śi'âb) *fente, crevasse.* (Cfr. l'ital. *chiappa* [*fessa*] e *schiappa*, col valore di *scheggia*, frantume; *schiappare*, antiquato nel senso di fendere, ma rimasto vivissimo nel piemontese *sciapé.* A. D. G.)

Xap da xapach *la spaccatura.* Vedi *xapar.*

Xarrup, castigl. axarope. Xarrupar, *bere succhiando* da sherupach. (Cfr. l'italiano *sciloppare*). Si dice pure: un xarrup d'aygua, *una bibita d'acqua.*

Beure a xarrups significa lo stesso che xarrupar.

شراب śarâb *bibita, bevanda* da شرب śariba *bere.*

Dozy, Gloss., p. 218: *axarabe, axarave,* xarabe (*sirop*) de الشّراب aś-śarâb *potion.* (Cfr. italiano *sciroppo* e *sciloppo*, bevanda che si succhia perchè dolce).

Xebec, xibech, chirbech, xabega da xabech specie di nave con tre vele latine, castigl. javeque.

Dozy, Gloss., p. 352: xabeque, xaveque, port. xabeco, fr. chébeck [da alcuni derivato] de شبكة chabecha (śabake, śabeke) *filet* (rete di cacciatori, pescatori, quindi anche *pêcherie, pesca, pescagione*) quindi: شبّاك śabbâk, شبّاك śubbâk. Dozy: chabbach schobbâc, ou selon la prononciation africaine chabbèc, chebbèc, chobbèc, *barca.*

Dozy, Suppl. شبّاك śabbâq *barque.* C'était autrefois une barque de *pêcheur*, comme l'a prouvé m. Jal. (Glossaire nautique s. v. *Chabec* et *enxabeque*). À présent on entend sous شبّاك śobbâk, śabbâk un petit bâtiment de guerre en usage dans le Méditerranée. (Cfr. italiano *sciabica* rete da pesca, e *sciambecco* bastimento a vele ed a remi, armato in corso. A. D. G.)

Xelum, xelam *una quantità di gente,* da selim, salam.

V. xalec.

Le reciproche congratulazioni ecc. *accoglienze* ecc., donde il turco سلاملق selâmliq *sala di ricevimento.*

Xia *pezzo di domasco rosso con frangia attorno, che i jurados portavano nelle ricche sepolture in Minorca.* Da xia, castigl. acia nel senso di una parte di vestito, che era indizio di nobiltà e dignità.

[Ar. شيعة šî'a, *a separate* or *distinct. party* or *sect of men.* Lane s. v. Può essere metonimicamente adoperato il nome del distintivo per la classe distinta].

Xifra, zefer ar. صفر ṣifr (cfr. *cifra* ed i: κρυφιαὶα γράμματα dei Greci, lettere misteriose e convenzionali) *zero.*

V. *cero, zero.*

ARCIDUCA LUIGI SALVADORE D'AUSTRIA.

GLI ANTECEDENTI DELLA CABBALA
NELLA BIBBIA E NELLA LETTERATURA TALMUDICA

I.

È ormai con tutta certezza stabilito dagli studi di storia critica che la piena formazione in seno del Giudaismo del sistema teosofico della Cabbala non è anteriore al secolo decimo terzo. Ciò crediamo necessario ripetere fino dal principio di questo nostro studio, per togliere ogni possibile sospetto che noi volessimo riportare le origini della Cabbala ai tempi biblici o a quelli talmudici. Le origini di un fatto, di un sistema, di una filosofia, di una religione, sono bene da distinguersi dagli antecedenti. Le origini di una cosa sono il principio stesso da cui deriva, e con essa sono unite, nè se ne possono staccare: gli antecedenti invece sono i fatti anteriori che con essa stanno in qualche relazione di somiglianza, ma non sono con essa uniti, e potrebbero stare senza che quella esistesse. Però è difficile che un importante fatto storico non abbia i suoi antecedenti.

La Cabbala sembra a prima vista in piena contraddizione col Giudaismo. Al più rigoroso monoteismo, al principio della creazione si sostituisce con quella una pluralità di persone nella divinità, le dieci *Sefiroth*, e la emanazione da una sola sostanza, la luce infinita, *Or ha - En Sof*, come origine dell' universo.

Ma non perciò i cabbalisti giudaici si mostrano in verun modo non solo nei loro principii, ma nemmeno per lungo tempo, come eretici. Sono dati anzi come i veri interpreti dei più profondi misteri della religione. Non vi è per alcuni secoli scissura fra i Talmudisti e i credenti nella Cabbala. Questi anzi a tutti i riti del Talmud trovano profondo significato teosofico. Si deve arrivare fino alla seconda metà del secolo XVII, perchè prima i Sabbatiani, o partigiani di Sabbatai Zebì, poi, nel secolo seguente, i Hasidim o gli Zohariti formino della Cabbala un nuovo *credo* opposto a quello antico del Giudaismo, e una setta che combatte il Talmudismo.

Se pure qualche voce di tratto in tratto sorge per opporsi alle teoriche cabbalistiche, rimane isolata; la Cabbala è considerata invece generalmente come qualche cosa più di ciò che costituisce il necessario per la fede giudaica, non un che di avverso ad essa o di contrario.

Il Cabbalista per lungo tempo è tenuto nel Giudaismo come chi sa della religione e dei suoi misteri ciò che gli altri, anche dotti, non sanno, è rispettato e venerato come un pio ed un santo.

Ciò non sarebbe avvenuto, se la Cabbala si fosse annunziata come un sistema nuovo, come una rivoluzione religiosa. Lo stesso nome che prese di Cabbala, cioè *tradizione*, mostra le sue pretensioni di essere antica quanto tutto il rimanente della religione giudaica, e di essersi mantenuta fra gli adepti per mezzo di un insegnamento orale e segreto, fino che giunse il tempo in cui si cominciò a metterla per iscritto. Ora queste pretensioni della Cabbala non meritano più nemmeno di essere sul serio confutate; ma dall'altro lato rimane sempre a spiegarsi come abbia potuto nel Giudaismo nascere e mettere radici.

Le analogie che essa presenta con i varii sistemi degli Gnostici si appalesano subito a chi conosce questi e quella. Dimodochè nulla di più vero che la Cabbala è una Gnosi giudaica; con questa differenza però, che mentre la Gnosi combatte il Cristianesimo ortodosso, la Cabbala invece vuole per lungo tempo vivere d'accordo col Giudaismo ufficiale, ne accetta tutte le prescrizioni e i riti, e soltanto ne dà una spiegazione tutta sua, attribuendo un significato mistico a tutte le parti della religione.

Ora ciò difficilmente avrebbe potuto avvenire, se nel Giudaismo non ci fosse stata qualche cosa, che, in parte almeno, giustificasse le teoriche della Cabbala. Questa pretende di ritrovarsi tutta intera nel Vecchio Testamento e nel Talmud, dando alle parole ed alle frasi di questo e di quello tali significati che in nessun modo possono avere. E basti a chiarire la cosa un solo esempio.

Il Genesi, tutti lo sanno, comincia con la parola *bereshith, in principio.* Ora per i Cabbalisti questa parola sta invece a significare una delle ipostasi divine, una delle *Sefiroth* come essi dicono nel loro segreto linguaggio, cioè la *Hochmà*, la Sapienza; e la parola *Elohim*, Dio, significa la *Binà*, l'Intelligenza, un' altra ipostasi.

Se per antecedenti della Cabbala si volesse intendere qualche cosa di simile, questo nostro studio sarebbe non solo contrario al metodo storico, ma anche al buon senso, e da relegarsi fra le fole e i sogni dei Cabbalisti. Ma invece io ho voluto ricercare se in ciò che realmente risulta dalla piana e letterale interpretazione della Scrittura e del Talmud vi è qualche cosa che presenti analogia anche lontana, anche piccola, con ciò che poi i Cabbalisti hanno insegnato. E in quanto al Talmud e alla vasta letteratura che con esso si collega, non vi è dubbio che vi si fa più d' una volta allusione a una dottrina mistica e segreta che non è da divulgarsi: ma di questo meglio più innanzi. Ora incominciamo dalla Scrittura.

II.

Il Dio d' Israel, che è ancora il Dio creatore dell' Universo, è *Uno* : di ciò, secondo il Vecchio Testamento, non può dubitarsi; la legge, i profeti, gli agiografi lo ripetono a sazietà. Ma pure, ad osservare più sottilmente, questo Dio talvolta si sdoppia. Non dico che apparisca come due, ma certo sotto due aspetti, uno come ente in sè, l'altro come ente che esce da sè e si rivela, si manifesta nel mondo ed agli uomini. Ciò ha bisogno di essere spiegato nei suoi particolari.

È noto che nella Bibbia si parla di angeli, e si chiamano *Malachim*, *messaggeri*, *inviati*; ma l' *angelo* in singolare, il *Malach*, è spesso non un inviato, un messaggero di Dio, un essere per quanto eccelso, sempre creato, ma Dio stesso, in quanto esce da sè, si rivela agli uomini, o in altra maniera opera nel mondo.

I passi biblici dai quali resulta questo sdoppiamento della Divinità sono parecchi. Nel capitolo 16 del Genesi si racconta la fuga di Agar da Sara sua padrona. Nel verso 7 si dice che la incontrò il Malach di Jahveh, e poi ripetutamente ai vv. 9, 10 e 11 che questo stesso Malach di Jahveh le parla. Ma ad un tratto nel v. 13 quei che le ha parlato non è più detto Malach, ma Jahveh stesso. Dunque il Malach non è un angelo nel significato comune che si dà a questa parola, ma una manifestazione divina, una apparizione della Divinità.

Lo stesso deve dirsi dell' altra narrazione a questa parallela nel cap. 21, vv. 17–19, dove la medesima teofania ad Agar ora è rappresentata col nome di *Malach Elohim*, ora con quello solo di *Elohim*.

Anche nel sacrifizio di Jsahah Malach Jahveh e Jahveh (22, 11-18) si scambiano come siano un essere solo.

Al patriarca Jacob (31, 11-13) il Malach-ha-Elohim dice: io sono il Dio di Beth-El. E sebbene non sia chiaramente spiegato, pure è dato inferire dai passi fin qui citati e da altri che addurremo, che il *Malach haggoel*, l'angelo redentore invocato dallo stesso Jacob (48, 16) sul letto di morte, come quello che lo ha salvato da ogni sciagura, e come quello da cui implora benedizione per i suoi nepoti, non è un angelo creato, ma Dio stesso, in quanto si è rivelato al patriarca.

Nella celebre apparizione divina a Mosè attraverso un pruno (Esodo, 3), l'essere soprannaturale che gli si rivela è chiamato nel v. 2° Malach Jahveh, ma poi nel v. 4° è detto Jahveh ed Elohim, e così fino al termine di questa prima teofania mosaica (4, 17).

È pure da tenersi una manifestazione di Dio stesso, anzichè un angelo, il Malach che doveva guidare gli Ebrei alla conquista della Palestina (Esodo 23, 20-23; 32, 34; 33, 2).

Anche il Malach che apparisce a Balaam (Num. 22, 35) se si confronta con questo passo il v. 8 del cap. 23, si vede che è lo stesso Jahveh.

La medesima cosa deve dirsi del Malach Jahveh, che sarebbe apparso agli Ebrei dopo la morte di Giosuè per rimproverarli del peccato d'idolatria (Giudici 2, 1-5), perchè parla della promessa da lui fatta ai patriarchi e del patto stabilito con gl' Israeliti; e la promessa e il patto sappiamo che erano fatti da Dio.

Il Malach che si mostra a Gedeone (ivi 6, 11-24), e quello manifestatosi ai genitori di Sansone (ivi 13, 3-23) si confondono nelle due narrazioni con Dio stesso.

Dimodochè si può concludere che era antico nel popolo ebreo il concepire, o, se si vuol meglio, l' immaginare sotto il nome di Malach una esteriorità dell'essenza divina, quando Dio voleva rivelarsi, o in qualche modo operare sul creato. E notisi che i passi citati dal Pentateuco appartengono tutti alle antiche fonti Jahvistiche ed Elohistiche, e anche quelli di altri libri storici sono tra i più antichi frammenti raccolti dai compilatori.[1] A mano a mano poi che il concetto di Dio si va presso gli Ebrei più spiritualizzando, questo modo di descrivere le rivelazioni divine si dilegua, ed esse prendono altra forma, ma non scomparisce del tutto. Anche nel Deutero–

[1] È da farsi eccezione per il passo dei Giudici 2, 1-5, che probabilmente nello stato presente del testo ha subìto una interpolazione dal redattore; ma anche nella forma originale dello scrittore jahvista doveva dare significato uguale a quello che noi gli attribuiamo. V. Kautzsch, *Die heilige Schrift des Alten Testaments, Textkritische Erläuterungen*, pag. 6.

Isaia, durante l'esilio babilonese vediamo che è chiamato *Malach* della presenza divina l'essere che ha di continuo salvato gli Ebrei (Isaia, 63, 9).[1] E in una delle visioni di Zacharia torna con Jahveh a identificarsi (3, 1–4, 7).

Ma nelle visioni d' Isaia (6), di Ezechiel (1) e del libro di Daniel (7) la persona di Dio ci appare dagli angeli distinta, anzi questi ne formano il seguito e la corte. Di più nel libro di Daniel, segnatamente nei passi 8, 10 e seg. e 10, 5 e seg., è un angelo inviato da Dio che spiega il significato delle visioni e rivela l' avvenire.

III.

Un' altra forma nella quale Dio si manifesta nel mondo è lo spirito, e sotto due aspetti, cioè di potenza, ora creatrice, ora ispiratrice. E prima è da avvertire che spirito in ebraico dicesi *Ruah* (nome usato per la massima parte in genere femminile) è la *Ruah* che crea, la *Ruah* che ispira. Dimodochè per quella parte che ha di vero la teorica di Max Müller che l'uso del linguaggio ha avuto molta influenza sulla formazione dei miti, il genere femminile ha fatto del nome *Ruah* una ipostasi femminile, e, com' è giunto a supporre il Clermont-Ganneau,[2] perfino nella *Ruah* del 2° verso del Genesi si è veduta la paredra femminile di Jahveh o di Elohim, come se fosse già nelle antiche credenze popolari dell' Ebraismo. Fatto sta però che in questo passo del Genesi la *Ruah* ci appare come uno sdop-

[1] ומלאך פניו הושיעם

[2] *Revue Critique*, 12 Janvier 1880.

piamento femminile di Elohim. Questi è l'autore dell'Universo accennato solennemente nel primo verso: « In principio creò Elohim il cielo e la terra » Ma nel secondo verso la *Ruah Elohim* è volitante (*merahefeth*) sulla superficie dell'acqua. Elohim con la parola crea, ma la *Ruah* posa sull'elemento primigenio del creato, come nel Genesi è rappresentata l'acqua, non differendo da altre antiche teoriche cosmogoniche, che pongono l'acqua come primo elemento.

Anche in altri luoghi della Scrittura si fa allusione alla *Ruah* creatrice. Nel libro di Job (26, 13) si afferma che con la *Ruah* Dio ha fatto belli i cieli, Elihù dice (ivi 33, 4): la *Ruah* di *El* mi ha fatto, e nei Salmi (33, 6) si vede che con la *Ruah* della bocca divina sono fatti gli eserciti celesti, e (104, 30) che Dio mandando la sua *Ruah* fa che siano create tutte le cose.

È inutile poi dilungarsi sulla *Ruah* di Dio come ispiratrice negli uomini della forza, della sapienza e della parola divina. Da Giuseppe che, come interprete di sogni, è chiamato uomo nel quale è la *Ruah* di Elohim (Genesi 41, 38), ciò si ripete per Bezalel artefice del Tabernacolo (Esodo 31, 2; 35, 30), per i settanta anziani eletti da Mosè a governare con lui il popolo (Numeri 11, 17, 25), per Othiniel (Giud. 3, 10), per Gedeone (ivi 6, 34), per Jefte (ivi 11, 20), per Sansone (ivi 13, 25), per Saul (1° Sam. 10, 6, 10), per David (ivi 16, 13), per Elia (1° Re 18, 12), per Eliseo (2° Re 2, 9), per Micha (3, 8), per Ezechiel (2, 2), per Zerubbabel (Zacharia 4, 6), e poi in generale per i profeti (ivi 7, 12; Nehemia 9, 30), per l'aspettato rampollo della famiglia di Jesse (Isaia 9, 11), e per tutte le genti nell'età messianica senza distinzione nè di stirpe nè di classe. (Joel, 3, 1 e seg.).

Si potrebbe forse osservare da alcuno che la frase « spirito di Dio » può essere usata metaforicamente. Ma a ciò si risponde che in alcuni luoghi si parla della *Ruah* come qualche cosa di oggettivo, che realmente investe la persona ispirata e la fa operare e parlare in quella data maniera. Rispetto ai 70 anziani si dice che la *Ruah* posò sopra di loro, sicchè profetizzarono (Num. 11, 25 e seg.); Ezechiel dice per sè stesso: « entrò in me *Ruah* ». Dunque si vuole rappresentare con questa parola una reale emanazione divina, che Dio comunica per sua grazia agli uomini, e quando essi si rendono colpevoli la ritira, come si narra di Saul, quando cadde in disgrazia presso Dio (1° Sam. 16, 14).

Ma vi è anche una *Ruah* cattiva che parte anche questa da Dio, qual' è quella appunto che s'impossessò di Saul per disturbarlo (ivi 14 e seg.), e che talvolta seduce gli uomini al male, come la buona *Ruah* ispira al bene.

Singolarissimo è in questo rispetto il noto passo del 1° libro dei Re (22, 19–23), nel quale il profeta Michajhu narra che lo Spirito si presenta dinanzi a Dio promettendo di farsi ispiratore di falsità in bocca dei profeti di Achab per indurlo ad una guerra che gli sarebbe riuscita funesta. Qui certamente lo Spirito è diverso da Dio, perchè parla con lui ed apparisce nel medesimo tempo qualche cosa di differente e d'inferiore alla vera e propria *Ruah Elohim*. È già uno spirito maligno, e siamo a poca distanza dal Satan del libro di Job e di quello di Zacharia, che si compiace di avversare il bene e i buoni.

Altra manifestazione divina è quella detta *Chabod*,

gloria, magnificenza, maestà. Il *Chabod* è Dio in quanto si appalesa nel creato, in quanto viene in comunicazione con gli uomini, specialmente col suo popolo Israel e coi profeti. Prende l'aspetto ora di nube (Esodo 40, 34), ora di fuoco (ivi 13, 21, 22), scende sul Sinai (ivi 24, 16 e seg.), guida il popolo d' Israel, riempie il Tabernacolo (ivi, 40, 34) e il Tempio (1° Re 8, 11) e ne esula, quando questo è distrutto; tanto è vero che Ezechiel ne ha la visione presso il fiume Chebar in Babilonia (1, 28), e lo vede ritornare nel tempio che nella rapita fantasia egli immagina già ricostruito (43, 5). Di tutti i profeti egli è quello che più usa dell' espressione « *Chebod Jahveh* » per significare l' apparizione divina. Il Chabod è la presenza reale di Dio in mezzo al suo popolo (v. Ezechiel. 43, 7), sebbene per Isaia (6, 3) e per l' autore della doxologia del Salmo 72 sia piuttosto la reale presenza di Dio in tutto il creato, e il *Chebod Jahveh* riempia tutta la terra.

Anche la parola di Dio, il *Debar–Jahveh* o *Elohim*, è talvolta così personificata che con leggerissimo trapasso diviene una vera e propria ipostasi. Con la parola di Jahveh sono stati fatti i cieli, dice il Salmista (33, 6), e questa stessa parola rimane eternamente in cielo (119, 89). Ma più di tutti è notevole il luogo del Deutero–Isaia nel quale la personificazione della parola divina è maggiormente spiccata. « La parola che esce dalla mia bocca (dice Iddio) non ritornerà a me a vuoto, ma farà ciò che io voglio, e otterrà ciò per cui l' avrò mandata » (65,11).

Il trapasso qui al Logos di Filone e degli Alessandrini è facilissimo, e doveva avvenire, quando sulla Scrittura si costruì una metafisica e una teologia. Alla personificazione poi della Sapienza come ipostasi divina dovevano dare luogo i celebri passi dei Proverbi (8, 12-36) del Job (28, 12-28) e del Siracide (24, 1-22), dove la Sapienza è lodata, fra gli altri altissimi suoi pregi, per quello ancora che sedeva a lato dell'Eterno nella creazione dell' Universo.

Tutti questi varii aspetti, nei quali è rappresentato il Dio che esce da sè stesso e si comunica al mondo, spiegano fino ad un certo punto il sorgere in seno del Giudaismo di una teosofia che al rigoroso monoteismo sostituisce una pluralità non di essenze, ma di persone divine.

Noi qui non vogliamo occuparci nè del Filonismo nè della teologia cristiana, che trovano in tali espressioni bibliche la spiegazione della loro origine, ma solo della Cabbala giudaica. La quale anche per un' altra parte delle sue dottrine ha nella Bibbia i suoi antecedenti, cioè l' esistenza degli angeli come esseri intermedii fra Dio e l'uomo e a due fini, cioè per eseguirne i mandati e per rivelarne i voleri e i pensieri.

Su questo punto non sarebbe necessario insistere, perchè è cosa conosciutissima e da tutti accettata, che nella Bibbia si ammette l' esistenza degli angeli. Ma non è inutile vedere brevemente in quali diversi aspetti anche questi esseri intermedii sono nel Vecchio Testamento rappresentati.

Gli angeli formano in prima la corte di Dio. Così ci si rappresentano i *Serafim* in Isaia (6), le *Hajjoth* in Ezechiel (1), le schiere celesti nel 1° libro dei Re (22, 19), le migliaia e le miriadi di esseri soprannaturali in Daniel (7, 10), e celebrano di Dio le lodi (Salmi 102, 20; 148, 2). Accompagnano gli uomini pii per proteggerli e difenderli (Gen. 28, 12, Salmi 91, 11; 34, 8), consigliano al bene (Isaia 44, 26), e rivelano la parola divina a Elia (1° Re, 19, 5–7; 2° Re 1, 3, 15) e a Zacharia (1, 9, 12, 24; 2, 2, 7). Nel libro di Daniel poi gli angeli prendono contorni più determinati, hanno un nome; due di loro si chiamano Gabriel (8, 16) e Michael (10, 21); il primo di questi in forma d'uomo parla a lungo con Daniel per rivelargli l'avvenire e le sorti del suo popolo; e, cosa più notevole, cominciano ad apparire i genii protettori delle diverse nazioni, si nomina il principe o genio tutelare della Persia (10, 13) e quello della Grecia (ivi 20) e Michael è detto genio tutelare degli Israeliti (12, 1).

Ma gli angeli o meglio alcuni tra essi, a poco a poco come esecutori dei voleri divini divengono anche accusatori delle colpe umane (Ecclesiaste 5, 5) e apportatori di mali, come di pene inflitte da Dio. Tale è l'angelo che apporta la mortalità in Gerusalemme, per il peccato commesso da David di fare il censimento del popolo (2° Sam 24, 16 e seg.; 1° Cron. 21, 15 e seg.) ed è chiamato allora angelo distruttore. Tale è l'angelo che fa perire l'esercito di Sennacherib (2° Re 19, 35; 2° Cron. 32, 21, Salmi 35, 5), e allora gli angeli, quando esercitano tali missioni sono chiamati addirittura cattivi (Salmi 78, 34). Da questi a un essere soprannaturale malvagio, che si compiace del male, e cerca con tutti i mezzi di farci cadere gli uomini, il trapasso è facilissimo, ed eccoci al Satan, al diavolo, al demonio, rappresentato nella Scrittura come il maligno nemico di Job, come l'avversario del sacerdote Jehoshuaʿ ripristinatore del culto dopo il ritorno dall'esilio babilonese (Zacharia, 3) e come seduttore di David per farlo cadere in peccato (2° Cron. 21, 2).

Questi pochi tratti biblici bastavano, perchè la teologia posteriore popolasse l'Universo di un numero infinito di esseri benefici e malefici all'uomo, per consigliarlo al bene o per sedurlo al male, e per recargli quindi o felicità e beatitudine, o sventura e dannazione; ecco gli angeli e i demoni. Questi, è vero, non furono solo parte della Cabbala, ma di tutta la religione sia giudaica sia cristiana, specie nelle forme popolari e come si dice *folkloriste*: nella Cabbala però ebbero maggiore importanza.

IV.

Il passaggio fra questi antecedenti biblici della Cabbala e quelli talmudici è nelle versioni aramaiche del Vecchio Testamento, o, come dicesi, nei *Targumim*, che ebbero talvolta motivo di allontanarsi dal significato letterale del testo.

Se osserviamo bene la Scrittura, massime nelle sue parti più antiche e nel medesimo tempo più popolari, è veramente piena di antropomorfismi, e non come dice il poeta:

« Così parlar conviensi al vostro ingegno
Perocchè solo da sensato apprende
Ciò che fa poscia d'intelletto degno.
Per questo la Scrittura condescende
A vostra facultate, e piedi e mano
Attribuisce a Dio, ed altro intende »; [1]

[1] *Divina Commedia. Paradiso*, 4, 40-45.

ma perchè, alla mente degli antichi Ebrei, Dio, almeno in quanto si manifestava agli uomini, si rappresentava veramente come un uomo. E se in alcun luogo è detto che Dio non è uomo che possa mentire nè figlio d'uomo che si penta (Num. 2, 3, 19; 1° Sam 15, 29) ciò significa soltanto che in Dio non accadono tali debolezze umane.

Ma lo spiritualismo, per il quale si vuole spogliare la Divinità di ogni forma sensibile e materiale è una concezione filosofica che molto più tardi è penetrata nella religione. Tutte le religioni antiche popolari hanno immaginato Dio, o gli Dei, sotto una forma materiale e tangibile. Per le antiche credenze ebraiche la forma più nobile nella quale può immaginarsi Dio è quella umana. Anche i profeti più elevati e idealisti dicono di vedere Dio sotto questa forma.

Isaia vede il Signore seduto sopra un trono alto ed eccelso, e vestito di un manto i cui lembi riempiono il tempio (6, 1). Ezechiel, di sopra al firmamento, che si stende sul capo delle *Hajjoth*, vede un colore di zaffiro, una figura di un trono, e sopra questo un aspetto d'uomo (1, 26). Daniel rappresenta Dio come l'Antico dei giorni seduto sul trono, vestito di colore candido come la neve, e coi capelli bianchi come lana (7, 9).

Abbiamo citati questi passi come i più esprimenti, ma da altri non pochi resulterebbe la stessa conseguenza. E infatti, se si vuole rappresentare Dio sotto qualche forma, è necessario che l'immaginazione vi concorra; perchè la mente dell'uomo non può concepire il reale, se non come qualche cosa di sensibile. Ciò che è assolutamente spogliato di ogni parte di sensibile è la pura idea, ma appunto perchè idea non può essere reale.

Si sa che anche molti dei più antichi teologi, dicendo che Dio e l'anima sono spirito, vollero significare soltanto una materia più tenue, più sottile, qualche cosa come d' imponderabile, ma non assolutamente la privazione di ogni materialità. Per ciò che concerne l'antico Ebraismo il Luzzatto riconosce che non escludeva la corporeità divina, e che solo dal Maimonide in poi l'assoluta immaterialità di Dio divenne un dogma [1]. Ma dall'altro lato possiamo dire che l'antropomorfismo delle frasi bibliche cominciò a formare una difficoltà, quando nelle credenze ebraiche penetrò la filosofia ellenica ed anche le scuole palestinesi e babilonesi ne risentirono l' influenza. Si temè che quelle espressioni potessero, da un lato, rappresentare la religione giudaica come troppo grossolana, dall'altro che potessero generare errori; e perciò giust'appunto nelle parafrasi aramaiche, che erano destinate a rendere popolare la cognizione della Bibbia, le frasi antropomorfiche furono corrette e sostituite da altre che tenevansi più spirituali.

Per ciò che concerne il nostro argomento la frase più importante delle parafrasi aramaiche è quella di *detto di Dio* (*Memrà*), sostituita al semplice nome divino, quando sembrava che si attribuisse a Dio un'azione o una passione troppo umana, e si credeva così di evitare l'antropomorfismo e l'antropopatismo.

Nei frammenti della parafrasi aramaica così detta gerosolimitana in tutto il racconto della creazione al

[1] *Ozar Nechmad*, IV, pag. 116.

semplice « disse Iddio », o « Dio creò » del testo ebraico è sostituita l'espressione « disse il verbo di Dio » o « il verbo di Dio creò ». Il che ci riconduce al concetto sopra accennato della parola di Dio considerata come forza creatrice.

Quando poi nel Genesi (3, 8) si dice che i Protoplasti, subito dopo il peccato udirono la voce di Jahveh Elohim, che camminava nel giardino, le versioni caldaiche sostituiscono « la voce del detto di Jahveh Elohim ». Ecco dunque il detto di Dio personificato, e il Memrà delle scuole babilonesi e palestinesi, sotto certo rispetto, corrisponde al Logos degli Alessandrini e al Verbo della teologia cristiana. E se pure in questo passo l'avere aggiunto « il *detto* » *Memrà* potrebbe intendersi solo come una amplificazione della frase originale, abbiamo altri luoghi, dove il *Memrà* apparisce non solo come l'estrinsecazione di Dio, in quanto parla agli uomini, ma anche in quanto opera.

Laddove il testo ebraico dice (Esodo, 12, 29) « Jahveh percosse tutti i primogeniti nella terra d' Egitto », la parafrasi dello Pseudo–Jonathan ha invece « il *Memrà* di Jahveh uccise ». Un *Memrà,* un *Verbo*, un *Logos* che uccide non si può immaginare che come una energia divina, una ipostasi.

Parimente dove si narra che Jahveh combattè contro gli Egiziani (Esodo, 14, 25) nella parafrasi detta di Onkelos si legge invece « la potenza di Jahveh »; e questa può essere una interpretazione nazionale, ma nello Pseudo–Jonathan abbiamo anche qui il *Memrà* di Dio che combatte. Così anche in Giosuè (23, 3) alle parole del testo « Jahveh vostro Dio Egli combatte per voi » al pronome Egli la parafrasi sostituisce *il suo detto Memreh.*

Oltre la Memrà, nella parafrasi dello Pseudo-Jonathan sul Pentateuco, e in quella sui libri profetici si trova talvolta un' altra parola sostituita al nome di Dio, cioè *Shechinà*, che veramente significa abitazione, e sta a rappresentare la Maestà di Dio in quanto soggiorna tra gli uomini. È la *Shechinà* che cammina innanzi agli Ebrei per guidarli, quando escono dall'Egitto (Esodo 13, 21), è la *Shechinà* che riempie il Tabernacolo (ivi 40, 34 e seg.), è la *Shechinà* che si compiace di abitare in Gerusalemme e nel Tempio (1° Re 8, 12, 16).

Ma più di tutti è notevole nelle versioni aramaiche il passo dell'Esodo 34, 6. In questa teofania a Mosè le frasi del testo ebraico sono tutte antropomorfiche, ma per noi importa fermarci sul verso citato.

Le parole del testo suonano: « e passò Jahveh davanti a lui » (a Mosè). In un frammento della versione così detta gerosolimitana si traduce « passò la maestà della Shechinà di Jahveh ». Ma le altre due versioni aramaiche dicono « Jahveh fece passare la sua Shechinà davanti a lui ». Il verbo nella forma causativa *fece passare, a' abar*, ha secondo me importanza somma; perchè abbiamo *Jahveh* e la *Shechinà*, uno come agente e l' altra come paziente, non sono due Dei, ma certo due persone, due forme nell' essenza stessa della Divinità. Questa era la somma grazia che Dio concedeva a Mosè, come al massimo dei profeti, cioè fargli conoscere la propria maestà, in quanto si rivela agli uomini, opera del creato, ed è presente in mezzo al suo popolo. Ma come la reale presenza della *Shechinà* è il massimo favore divino presso gl' Israeliti, così quando per significare lo sdegno di Dio, i profeti e i poeti dicono con frase antropomorfica che Egli nasconde la sua faccia, la parafrasi aramaica, credendo di usare un modo più spirituale, dice che Dio fa dipartire la sua *Shechinà* di mezzo il suo popolo, o dalla città di Gerusalemme (Isaia 57, 17; Jeremia 33, 5; Salmi 44, 25).

Questo concetto della *Shechinà*, quale lo vediamo nelle parafrasi aramaiche, è più ampiamente svolto nel Talmud e in tutta la letteratura che con questo si connette. Ma prima di scendere ai particolari vediamo ciò che in generale dal Talmud si può rilevare intorno all' esistenza di una dottrina teosofica, che era in origine segretamente o almeno con molte precauzioni insegnata.

V.

Sotto il nome di misteri della legge, *Sitrè Torà*, si allude in un luogo del Talmud [1] a quelle parti della dottrina religiosa che Dio ha voluto lasciare nel mistero, e così devono essere lasciate da ogni studioso timorato. L' Isaacita e suo nipote Shemuel ben Meir commentano in questo passo che per misteri della legge debba intendersi ciò che altrove si chiama l'opera del carro, *Ma'asè Merchabà*, e l' opera della creazione *Ma'asè Bereshith;* e il secondo aggiunge anche la spiegazione del nome divino. E sono questi infatti i tre punti principali a cui si accenna ripetutamente nel Talmud.

È classico a questo proposito il primo paragrafo della Mishnà nel secondo capitolo di Haghigà, e l'ampliazione della Ghemarà che l'accompagna. Vi si parla

[1] *Pesahim*, 119ᵃ.

del *Ma'asè Bereshith* e del *Ma'asè Merchabà* come di argomenti dei quali non è permesso dare spiegazione, se non a pochissimi. La frase della Mishnà: *non spiegano, non commentano, En doreshin,* si riferisce certamente alla spiegazione, al commento di qualche passo biblico. Si sa che era costume degli antichi Dottori ebrei di prendere a testo i passi biblici per fondarci sopra le loro ampie spiegazioni, o rituali, o morali, o dottrinarie. Era questo ciò che essi chiamavano spiegare la legge, *darash.*

Ora in questo passo, per *Ma'asè Bereshith* si deve intendere il primo capitolo del Genesi, [1] per *Ma'asè Merchabà* il primo capitolo di Ezechiel, detto *Merchabà, carro,* perchè nella visione narrata da quel profeta si rappresenta il carro, sul quale si immagina muoversi la maestà divina.

Sembra di potersi da questo passo desumere che i Dottori del Talmud nella spiegazione del primo capitolo del Genesi esponevano tutta una dottrina della creazione dell' Universo più estesa e più particolareggiata di quella contenuta nel testo biblico, e si ponevano quei problemi che la mente umana si è sempre proposta, ma nel medesimo tempo determinavano dei limiti, di là dai quali imponevano di non oltrepassare. Difatti nello stesso paragrafo della Mishnà si legge che « è bene non cercare ciò che è di sopra nè ciò che è disotto, nè ciò che è stato prima, nè ciò che

[1] Secondo Rabbenu Tam per Ma'asè Bereshith si dovrebbe intendere la spiegazione del nome divino di quarantadue lettere resultante dalla diversa combinazione delle lettere nei due primi versi del Genesi (Vedi i Tosafisti, Haghigà 11ª).

sarà alla fine. »[1] Si voleva così consigliare a non abbandonarsi a ricerche, in cui la mente umana si perde, se vuole troppo approfondarle, e corre rischio ancora di cadere in eresia.

Ma non perciò si astenevano i Dottori ebrei dal fare delle ricerche sul modo di formazione della terra, che, secondo alcuni, ebbe principio dal centro, secondo altri dalla circonferenza[2] e dal domandare su che cosa è fondata e sopra che cosa si regge.[3] Come pure si occupano degli elementi primitivi, della materia originale *Urstoff* (direbbero i Tedeschi) e ammisero come tale i tre elementi acqua, aria e fuoco.[4]

In alcuni passi dei *Midrashim* alquanto posteriori al Talmud pare che si ammetta addirittura l'emanazione in luogo della creazione dal nulla, almeno per parte degli elementi primi. La luce che rischiara il mondo sarebbe un raggio della luce divina,[5] ed è da notare che ciò è detto dall'uno all'altro Dottore in segretezza, come se si trattasse di dottrina riposta. Ma in quanto a tutte le altre parti dell'Universo la primitiva dottrina talmudica non ne ammette la provenienza dall'essenza divina, non si può dire insomma che ammetta l'unità di sostanza. Questo per ciò che concerne la creazione.

[1] Secondo l'Isaacita, ciò che noi intendiamo relativo al tempo, sarebbe invece relativo allo spazio. Ma dal Talmud stesso più innanzi, 16ª, si vede che la spiegazione da noi seguita è da preferirsi. (Ved. ivi i Tosafisti).

[2] *Jomà* 54ª.

[3] *Haghigà* 12ᵇ.

[4] *Shemoth Rabbà*, 15.

[5] *Pesiktà de R. Kahanà*, 145ª; *Bereshith Rabbà*, 3; *Shemoth Rabbà*, 50; *Vaikrà Rabbà*, 31; *Shoher Tob*, Salmo 104.

L'altra parte poi della dottrina segreta, il *Ma'asè Merchabà* riguardava certo la natura di Dio e della corte celeste, cui si riconnettevano i misteri contenuti nei nomi divini e in quelli degli angeli. Ma è impossibile dal linguaggio simbolico e tutto metaforico e allegorico col quale si parla nel Talmud e nei Midrashim intorno al Ma'asè Merchabà desumerne una qualche notizia precisa e ordinata della dottrina rabbinica intorno alla natura di Dio. Tanto più che si voleva distoglierne dallo studio, ispirando quasi terrore se alcuno voleva occuparsene. Si racconta che un giovanetto, mentre leggeva la visione di Ezechiel, essendosi fermato sulla parola *hashmal* per ispiegarne il misterioso significato, rimase bruciato dal fuoco che ne uscì fuori. [1]

Si chiama poi *Pardes*, paradiso, giardino, tutto l'insieme di queste dottrine segrete, e si racconta che di quattro Dottori che se ne occuparono, Ben 'Azzai ne morì, Ben Zomà ne impazzò, Elishà Ben Abujjà ne divenne eretico e quindi dannato, e il solo 'Akibà rimase illeso e in tranquilla pace. [2] Erano pochi dunque quelli che volevano esporsi a sì gravi pericoli per istudiare queste dottrine segrete. Anche quelli poi che le studiavano, nulla o poco ne lasciavano trapelare ai profani. Pure qua e là, cercando nel Talmud e nei Midrashim qualche cosa è dato raccogliere. Nulla di ordinato e di sistematico, ma solo alcune sparse e isolate notizie.

[1] *Haghigà*, 13a. La parola *hashmal* nel significato letterale vuol dire soltanto *metallo* o *bronzo rilucente*, ma se n'è fatto nel misticismo il nome d'un angelo, e poi, nel plurale, di un ordine d'angeli.

[2] *Haghigà* 14a.

VI.

Se già nella Scrittura, come abbiamo veduto, Dio si sdoppia, in quanto ora è Dio in sè, ora Dio in quanto si manifesta agli uomini; se nelle parafrasi aramaiche al Dio trascendente si unisce il Verbo, il *Memrà*, e la sua apparenza nel mondo, la *Shechinà*, nel Talmud e nei Midrashim si oggettivano e s' impersonano gli attributi divini, e si può dire che divengono energie divine, ipostasi, come nella filosofia di Filone. Le qualità divine sono dette *Middoth*, delle quali si parla non solo come di attributi inerenti ad un essere, ma come esseri reali.

I due principali attributi divini ed i più importanti per il governo provvidenziale dell' Universo sono la Giustizia e la Pietà, che talvolta non possono fra loro accordarsi. Questi due attributi sono chiamati dai Rabbini : *Middath haddin* e *Middath harahamim* [1]. E fino che se ne discorresse come di due attributi, nulla di strano, ma li vediamo propriamente impersonati, ipostasiati, e, in quanto persone, distinti da Dio [2]; nè sono angeli, cioè esseri creati, ma superiori e anteriori a questi.

La *Middath haddin*, la Giustizia, è alcune volte introdotta nel Talmud a parlare con Dio per esigere che si tratti col dovuto rigore chi lo meriterebbe [3]; e si

[1] *Sifrè*, II, 27; cfr. *Haghigà* 14ᵃ, dove si dice invece *Din* e *Zedakà*.

[2] *Pesahim* 119ᵃ, *Sanhedrin* 94ᵃ.

[3] *Shabbath* 55ᵃ.

giunge perfino a dire che Dio salva da essa i peccatori penitenti.

L' esegesi rabbinica ha dato ai nomi di Dio *Jahveh* ed *Elohim* il diverso significato che il primo rappresenti la pietà, il secondo la giustizia [1]. Questa distinzione di nomi è applicata anche alla creazione dell'Universo; e siccome nel Genesi è usato nei sette giorni della creazione il nome *Elohim,* e non il tetragramma, così se ne conclude che il mondo è stato creato con la Giustizia, cioè con la *Middath haddin* [2].

D' altra parte si dice altrove che il mondo è stato creato con dieci detti [3], attribuendo cosí forza creativa alla parola, e in altro luogo con dieci *debarim,* che non si sa se debba intendersi cose, o discorsi, o idee, e queste sono: sapienza, intelligenza, conoscenza, forza, grido, potenza, carità, giustizia, pietà e misericordia [4]. Ecco l'antecedente talmudico delle dieci *Sefiroth* della Cabbala, sebbene non siano la stessa cosa. Perchè molte di queste frasi del Talmud e dei Midrashim devono intendersi come un linguaggio allegorico, e sono più che altro figure di personificazione; ma le personificazioni sono pericolose, e si corre rischio che vengano prese alla lettera. Non sono nate forse così molte delle divinità, tanto nel mondo orientale quanto in quello greco-romano? Non è certo però espressione metaforica, e si deve intendere in senso proprio, la *Shechinà,* dove se ne parla come della reale presenza di Dio nel mondo.

1 *Shemoth Rabbà,* 3; *Pesiktà de Rab Kahanà,* 164ᵃ.

2 *Shemoth Rabbà,* 30.

3 *Aboth,* V, 1, *Bereshith Rabbà,* 13.

4 *Haghigà,* 12ᵃ.

Riprendiamo ora ciò che sopra abbiamo accennato della *Shechinà* nelle parafrasi aramaiche del Vecchio Testamento. Gli stessi concetti sono nel Talmud e nei Midrashim più chiaramente e ripetutamente enumerati. La *Shechinà* ci appare sotto due aspetti: 1° come la reale presenza di Dio; 2° come quella che posa specialmente sugli uomini più meritevoli per ispirarli tanto ad operare il bene, quanto a predicare il vero.

Non si può sperare di trovare negli insegnamenti rabbinici unità e coerenza di dottrina. Le varie opinioni sono anzi registrate senza curarsi molte volte di stabilire quale debba avere la prevalenza; perchè in certe questioni dogmatiche era lasciata la più grande libertà; e variavano i pensieri da luogo a luogo, da tempo a tempo e da persona a persona.

Secondo ciò che troviamo accennato in due dei più antichi Midrashim [1], la Shechinà non sarebbe stata sempre tra gli uomini, ma vi sarebbe scesa a tempi diversi, quando l'occasione lo richiedeva. Queste discese della Shechinà in mezzo agli uomini sono fissate in numero di dieci; ma per determinare quali siano si deve ricorrere a più recenti compilazioni [2], le quali non sono fra loro concordi. Secondo l'una, nove discese sarebbero avvenute nel modo seguente: 1ª nel paradiso terrestre per punire Adamo ed Eva, 2ª nella torre di Babele, 3ª per punire gli abitanti di Sodoma, 4ª in Egitto per liberarne gl' Israeliti, 5ª nel Mar Rosso per punire gli Egiziani, 6ª nel Sinai per dare la legge, 7ª nella colonna di nube per guidare Israel nel deserto,

[1] *Mechiltà, Bahodesh* § 3; *Sifrè* I, 93.
[2] *Aboth de' Rabbì Nathan*, 34; *Pirkè de' Rabbì Eliezer*, 14.

8ª nel tabernacolo, 9ª nel tempio. L'altra compilazione sostituisce alla discesa in Egitto quella nel roveto nell'apparizione a Mosè, e poi ne pone due nelle due volte che si fendè la rupe per fare scaturire l'acqua [1], e due nel tabernacolo. Sono d'accordo le due compilazioni nel porre la decima discesa della Shechinà nell'età messianica. D'allora in poi il soggiorno della Shechinà tra gli uomini sarebbe continuo? Su questo punto le citate fonti tacciono, ma secondo altri passi, che in breve riporteremo, vi sarebbe da rispondere per l'affermativa.

Altra è la dottrina secondo la quale il soggiorno della Shechinà sarebbe stato continuo o in mezzo agli uomini o almeno in mezzo ad Israel, e soltanto per i peccatori di quelli e di questo sarebbe stato interrotto. Sebbene posteriore alla compilazione del Talmud vediamo prima un passo del Commento Magno al Genesi. Secondo questo la Shechinà risiedeva nel mondo, (a lettera nelle regioni inferiori, *battahtonim*) fino dalla creazione [2]. Il peccato di Adamo la fece dipartire e salire al primo cielo; quello di Caino, al secondo; quello dei contemporanei di Enosh, al terzo; della generazione del diluvio, al quarto; della torre di Babele, al quinto; dei Sodomiti, al sesto; degli Egiziani contemporanei di Abramo, al settimo. Ma sette giusti la fecero successivamente riavvicinare e quindi abitare tra gli uomini, cioè: Abramo, Isacco, Jacob, Levi, Kehath, 'Amram e Mosè. Secondo un altro passo del Midrash, dipartita la Shechinà dagli uomini dopo il peccato di

[1] *Esodo*, 17, 6; Numeri, 20, 11.
[2] *Bereshith Rabbà*, 19.

Adamo non vi ritornò fino che non fu eretto il tabernacolo. [1]

L'opinione poi prevalente è che discesa la Shechinà, come presenza reale di Dio, tra gl' Israeliti nel tabernacolo fino dai tempi mosaici si posò sull'arca e non se ne dipartì fino alla distruzione del tempio. [2] Ritornò poi, dopo l'esilio di Babilonia a soggiornare nel tempio edificato dai reduci? Secondo un passo del Talmud babilonese, [3] la Shechinà non avrebbe soggiornato in questo secondo tempio. Ma dall' altra parte abbiamo un luogo dell'antico Midrash sull'Esodo, [4] dove si vuole che sempre la Shechinà abbia accompagnato Israel anche nell' esilio, anche nella dispersione in Babele, in Persia, in Roma, e li accompagnerà nella redenzione messianica. [5] Dottrina questa confermata nel Talmud gerosolimitano [6] che fra la Persia e Roma aggiunge ancora la dispersione nei paesi greci.

Questo è l' antecedente della dottrina cabbalistica dell' esilio della Shechinà (*galuth hashshechinà*) ultima delle ipostasi divine, staccata dall' unità delle ipostasi superiori e decaduta dal suo grado, ma che aspetta di riunirvisi all' era messianica. È la Sofia dello gnosticismo di Valentino che turba l' armonia in seno al Pleroma, e ha bisogno di una ristorazione, di una redenzione, perchè l'armonia sia ristabilita. [7]

[1] *Bamidbar Rabbà*, 12.
[2] *Mechiltà Bo*, 1.
[3] *Jomà*, 9[b].
[4] *Mechiltà Bo*, 14.
[5] Cf. *Meghillà*, 29[a].
[6] *Ta'anjoth*, 64[c].
[7] MATTER. *Histoire critique du Gnosticisme*, vol. II, pag. 67-76.

Ma fino che restiamo nel Talmud e nei Midrashim l'errore della Shechinà è presentato piuttosto come simbolo poetico del concetto che Dio non abbandona mai il suo popolo e lo accompagna anche nelle sciagure. Sebbene secondo un altro passo, che si trova parallelo nel Talmud [1] e nel Midrash [2] con poche differenze di lezione, la Shechinà, che aveva fermo il soggiorno nel tempio, lo abbandonò con molta reluttanza, e indugiando da una parte all'altra, nell'aspettativa che gli Israeliti si pentissero, e allora sarebbe ritornata fra essi; ma vedutili induriti nel peccare, si ritirò nel suo primiero soggiorno, che sarebbe in cielo.

VII.

Una conseguenza dell'allontanamento della Shechinà è che cessò, dopo i profeti Haggai, Zacharia e Malachì, la vera profezia, il comunicarsi all'uomo dello Spirito Santo, della Ruah Hakkodesh. [3] Giacchè nei libri talmudici questa si confonde con la Shechinà, come pure questa vien detta, del pari che nella Scrittura, Chabod, gloria, maestà. Ma altra emanazione divina supplisce in parte, cioè una eco della voce di Dio chiamata *figlia della voce*, Bath-Kol. [4] La quale serve di comunicazione fra Dio e il suo popolo, dopo che la Shechinà o lo Spirito Santo non posa più nemmeno sugli uomini più meritevoli. Perchè, come abbiamo avvertito,

[1] *Rosh Hashshanà*, 31ª.

[2] *Echà Rabbati*, 48ª.

[3] *Jer. Ta'anjoth*, 65ª.

[4] *Jomà*, 9ᵇ; *Sotà*, 48ᵇ; *Sanhedrin*, 11ª.

la Shechinà, oltre al risiedere nel Tempio e in mezzo ad Israel, era unita con gli uomini più grandi per ispirarli. Aveva accompagnato Giuseppe, [1] Mosè, [2] David, [3] e ispirato tutti i profeti e sommi sacerdoti quando questi davano i responsi. [4]

Vi sono stati anche nei tempi posteriori uomini degni che posasse su loro la Shechinà, e che la Ruah hakkodesh gl'ispirasse, ma i tempi sventurati più non lo consentivano, e la stessa Bath-Kol rivela questo alto mistero, e fa intendere quali questi uomini fossero. Secondo alcuni passi sarebbero stati Hillel, Shemuel detto il piccolo [5] ed Eliezer ben Hirkanos; [6] secondo un altro passo, anche i trenta più meritevoli discepoli d'Hillel. [7]

Ma fatto sta che, secondo il Talmud, questa Bath-Kol, inferiore manifestazione di Dio, supplisce alla presenza dello Spirito Santo, e dà veri e proprî responsi come oracolo divino. [8]

Il misticismo qui è palese, e si accorda con la comunicazione divina, alla quale, secondo il teosofismo cabbalistico, possono aspirare i più meritevoli dei suoi adepti. Comunicazione, che, sotto aspetto più antropomorfico, il Talmud e i Midrashim attribuiscono ad alcuni uomini sommi. Si vuole che a Simone il Giusto Dio apparisse nel giorno dell'espiazione, nel recesso san-

[1] *Bereshith Rabbà*, 86.

[2] *Shabbath*, 87ª.

[3] Ivi, 56ª.

[4] *Joma*, 73ᵇ.

[5] *Sotà*, 48ᵇ; *Sanhedrin*, 11ª.

[6] *Jer. Abodà Zarà*, 42ª; *Sotà*, 24ª; *Horajoth*, 48ª.

[7] *Succhà*, 28ª.

[8] *Meghillà*, 32ª; *'Irubin*, 6ᵇ, 13ᵇ; *Jer. Berachoth*, I, 7; *Sotà*, 19ª; *Jebamoth*, 3ᵇ.

tissimo, in forma di vecchio vestito e ammantato di bianco. [1] Secondo un altro passo del Midrash, Dio sarebbe apparso agli Ebrei presso il Mar Rosso come un giovane bello e aitante, [2] ma sempre in forma umana. Alla quale rappresentazione divina si ricongiunge il nome di uomo attribuito a Dio, che, secondo i Rabbini, è chiamato *Ish*, uomo. [3] E questo si accorda con quello che sopra abbiamo detto anche relativamente alla Scrittura. Da ciò poi siamo condotti a parlare dei nomi divini che formano una delle parti più importanti delle dottrine segrete, a cui si accenna nel Talmud e nei Midrashim.

VIII.

Già nella Scrittura vediamo una pluralità di nomi divini, che il Talmud determina in numero di otto, da tenersi santi e venerabili, cioè: El, Eloha, Elohim, Ehjé asher Ehjé, Adonai, Jahveh, Shaddai, Zebaoth. [4] Tra questi nomi il tetragramma fu tenuto da un certo tempo in poi ineffabile [5] e peccato mortale il pronunziarlo. [6] Dimodochè in tal nome fu riposto un significato segreto che i non adepti non conoscevano. [7]

Ma a questi nomi biblici altri ne aggiunsero i Talmudisti, alcuni dei quali hanno significato meta-

[1] *Jer. Jomà*, 42c; *Vaikrà Rabbà*, 21.
[2] *Shemoth Rabbà*, 23.
[3] *Sanhedrin*, 96.
[4] *Shebu'oth*, 35a; *Shemoth Rabbà*, 3.
[5] *Pesahim*, 50a; *Kiddushin*, 71a.
[6] *Sanhedrin*, 90b.
[7] *Jer. Jomà*, 40d.

fisico, altri significato morale, e altri sono d'indole così mistica che rimangono impenetrabili. Tra quelli della prima specie, certo è molto notevole che nella letteratura rabbinica sia divenuto nome frequentissimo di Dio la parola *Makom*, e meglio *hammakom* con l'articolo. Makom nel linguaggio biblico significa *luogo*. Ora che il nome *luogo*, anzi *il luogo* per eccellenza, stia a significare la divinità, è cosa, come da altri fu già osservato, importantissima. Nei passi più antichi del Talmud Dio è chiamato semplicemente *hammakom*, senza darne spiegazione, come se pianamente si dovesse intendere che è uno dei nomi divini. E l'uso rimonta per lo meno al primo secolo a. C.; perchè nella Mishnà [1] l'usa Schim'on ben Shatah, parlando con Honi. Nel Midrash poi si è tentato di dare spiegazione dell'uso di questo nome, e si è detto, commentando il passo biblico dell'Esodo 33, 21, che Dio è così chiamato, perchè egli è il luogo del mondo, e non il mondo il luogo di lui. [2] Con questa spiegazione, è inutile negarlo, si rasenta il panteismo, e siamo a un passo dall'emanatismo dei Cabbalisti, e dall'unità di sostanza. Ma forse i più antichi rabbini non avevano quest'idea metafisica, e, chiamando Dio *hammakom*, intendevano solo rappresentare l'onnipotenza divina.

Secondo il Landau [3] l'uso di questo nome presso i rabbini sarebbe derivato dai Persiani, i quali adora-

[1] *Ta'anith*, 3, 8.

[2] *Bereshith Rabbà*, 68.

[3] *Die dem Raume entnommene Synonima für Gott in der neu-hebräischen Literatur*, pag. 41 e seg. In questa stessa opera, pag. 6-10, è data una lista assai estesa dei sinonimi rabbinici nel significato di Dio, ma i più non sono da prendersi in esame per il nostro assunto.

vano Dio sotto il duplice aspetto dell' infinito tempo e dell'infinito spazio. E ciò è probabile, date le relazioni di Shim'on ben Shatah con alcuni grandi persiani. [1] A noi basta di avere accennato l'uso di questo nome come uno degli antecedenti talmudici della Cabbala, e certo dei più significanti, non solo perchè lo stesso nome è usato dai Cabbalisti per indicare ora la prima, ora la sesta delle divine ipostasi, ma perchè i rabbini, almeno da un certo tempo in poi, pensavano Dio come uno spazio infinito che contiene l'Universo.

Altro nome divino, che può avere significato metafisico, è quello di *potenza, forza*; così nel Talmud Dio è non di rado chiamato *Gheburà* che anche nella Cabbala è il nome di una delle *Sefiroth*, cioè di quella ipostasi che rappresenta la Giustizia. *Gheburà* è chiamato Dio principalmente quando apparisce sul Sinai per rivelare il decalogo, [2] quando minaccia di punizione il suo popolo, se sarà ribelle alla legge,[3] e quando ispira i più alti profeti [4].

Ma anche più significativi dal lato metafisico sono i pronomi di prima persona *Anì*, e quello di terza *Hu* intesi come nomi divini, quasi si volesse indicare la personalità per eccellenza, ora come quella che da sè stessa si annuncia e si afferma come *Io*, l'essere assoluto che s' individua e afferma se stesso; ora come è tale riconosciuto dagli uomini, che lo chiamano *Lui*, quegli di cui veramente si può dire che è, giacchè il

[1] *Jer. Berachoth* VII, 2; *Nazir.* V, 5.

[2] *Sifrè*, I, 112; *Shabbath*, 87[a]; *Macchoth*, 24[a]; *Horajoth*, 8[a].

[3] *Meghillà*, 31[b].

[4] *Pesiktà de Rab Kahanà*, 126[a].

pronome di terza persona in ebraico significa anche *è*, la terza persona del verbo essere.

Il passo della Mishnà, che sarebbe la più antica fonte talmudica che dà a questi pronomi il significato di nomi divini, è quello dove Rabbì Jehudà vuole che nella festa delle capanne s' invochi Dio in questa forma: *Anì va-Hu osanna*[1] che è rimasto sacramentale nelle preghiere ebraiche. I due pronomi sono passati poi nella Cabbala a rappresentare due ipostasi, due *Sefiroth*, anzi per essa è divenuto nome di altra Sefirà anche il pronome di seconda persona, e anche quello di terza persona femminile. Ma noi fermiamoci ai due pronomi di cui si trova cenno nel Talmud. Non è da tacersi però che la critica moderna, rappresentata qui dal Geiger,[2] ha voluto correggere la lezione del passo citato, e invece di: *Anì va-Hu*, אני והו, leggere, אנא יהוה *Anna Jahveh*; e allora, se questa congettura fosse da accettarsi, l'uso di questi pronomi come nomi divini mancherebbe nel Talmud della sua primitiva sorgente. Ma contro la congettura del Geiger sta il fatto che i manoscritti, le edizioni antiche, gli antichi commentatori, l'antico lessico talmudico di Natan di Roma hanno i due pronomi, con la sola differenza che il Talmud gerosolimitano, le due antiche edizioni della Mishnà di Napoli e di Pesaro, il citato lessico talmudico[3] e il Machzor Vitry[4] danno הוא con l' *alef* come generalmente si scrive il

[1] *Succhà*, 45ª.

[2] *Ozar Nechmad*, III, pag. 119.

[3] Rabbinovicz, *Variae Lectiones in Mischnam et in Talmud babylonicum*, vol. III, pag. 138, nota 6.

[4] Pag. 447 e seg.

pronome di terza persona, e non la scrittura deficiente והו; ma questa è una differenza soltanto grafica.

Di più, oltre questa prova esterna, abbiamo come prova interna della correttezza della lezione vulgata il contesto della Mishnà stessa. Rabbì Jehudà vuole esprimere in quanto alla forma della preghiera una diversità di opinione da quella antecedentemente enunciata. Ora se si leggesse come vorrebbe il Geiger, questa differenza non vi sarebbe più.

In un altro passo poi del Talmud [1], dove si parla del significato delle lettere, si dice che la combinazione הו״ forma un nome divino, e si accorda in ciò perfettamente con la lezione vulgata della Mishnà. Ora non pare molto facile che già si fosse introdotta una guasta lezione. Per ultimo un accenno che i due pronomi *Hu* e *Anì* rappresentino nomi divini lo abbiamo anche nel Midrash. [2] Per lo che teniamo che fino dai tempi della Mishnà si sia dato ai rammentati pronomi tale mistico significato. E per ispiegare la maniera per la quale i rabbini vi siano giunti, arrischiamo la congettura che, senza averlo detto esplicitamente, si siano fondati sul passo biblico del Deuteronomio 32,39 che suona: *Anì, Anì Hu*, le quali parole certo letteralmente non significano altro se non: *Io, io sono quello;* ma non è da maravigliarsi che i rabbini vi abbiano veduto due nomi della Divinità.

Nomi di significato morale sono *Tob*, buono, [3] *Zad-*

[1] *Shabbath*, 104ª.

[2] *Echà Rabbati*, introduzione, verso la fine.

[3] *Jer. Haghigà*, 77ᶜ; *Bereshith Rabbà*, 4.

dik, giusto,[1] *Shalom*, pace,[2] *Rahamanà* o *Rahman*, pietoso,[3] usato molto comunemente nelle preghiere, e passati poi anche tutti questi nella terminologia cabbalistica.

Finalmente i nomi divini che nel Talmud rimangono non spiegati sono quelli indicati come composti l'uno di dodici, e l'altro di quarantadue lettere, ma senza dirci quali queste siano e quale ne sarebbe la pronunzia. Solo si accenna che questi nomi segretissimi ed efficacissimi non s'insegnavano ormai se non a quelli che per la santità della vita se ne mostrassero degni.[4] L'Isaacita nel commento a questo passo confessa di non conoscerli; ma il suo nipote Rabbenu Tam, come già sopra abbiamo avvertito, mostra di conoscere quello di quarantadue lettere, sebbene non lo spieghi. I Cabbalisti posteriori poi non hanno esitato a darne ampia spiegazione.[5]

Dell'altro nome più complicato, ma egualmente misteriosissimo, composto di settantadue lettere, non si ha cenno nel Talmud, ma solo nel Midrash[6] dove si dice che tal nome era contenuto in una parte delle lettere comprese nel verso 34 del capitolo 4° del Deuteronomio. I Cabbalisti invece hanno formato i settantadue nomi segretissimi di Dio dalla varia combinazione delle lettere dei versi 19, 20 e 21 del capitolo 14 dell'Esodo.[7]

[1] *Bereshith Rabbà*, 1.

[2] *Sifrè*, I, 42.

[3] *Pesahim* 39ª; *Shekalim*, 8ᵇ; *Babà Mezià*, 3ª; *Chethuboth*, 45ª; *Ghittin*, 17ª; *Cherithoth*, 7ª.

[4] *Kiddushin*, 21ª.

[5] Cordovero, *Sefer Pardes Rimmonim*, Sha'ar *Peratè hashshemoth*.

[6] *Bereshith Rabbà*, 44; *Vaikrà Rabbà*, 23.

[7] Cordovero, luogo citato.

E di ciò si mostrano cogniti i commentatori del Talmud, l' Isaacita e i Tosafisti. [1]

Altro nome divino è quello di *Achetriel* (corona di Dio) col quale il sacerdote Rabbì Ishmael figlio di Elishà chiama Dio apparsogli nel recesso del Santuario.[2] È evidente che di qui i Cabbalisti hanno preso il nome di Cheter, corona, per indicare la prima delle ipostasi divine. Ma ragionevolmente lo Zunz [3] e il Bacher [4] sospettano che questo passo talmudico sia una recente interpolazione.

IX.

Alla teorica dei nomi e delle ipostasi si riconnette quella del *Metatron*, essere intermedio fra la Divinità e gli uomini, ma di natura non bene definita; perchè ora appare soltanto come il primo degli angeli, il più eccelso degli esseri creati, ora si rappresenta quasi come di natura divina, e piuttosto da questa emanato. Si disputa sul significato e la derivazione di questa parola certo non di origine ebraica nè semitica. [5] Fra le proposte etimologie rammenteremo che alcuni vogliono vedervi il Mitra persiano, [6] altri un *metathronon* o un

[1] Vedi i commenti a *Succhà*, 45ª.

[2] *Berachoth*, 7ª.

[3] *Die gottesdienstlichen Vorträge der Juden*, pag. 164, nota *e*.

[4] *Die Agada der Tannaiten*, I, pag. 268.

[5] Vedi Krauss S., *Griechische und lateinische Lehnwörter im Talmud, Midrash und Targum*, I, pag. 250 e seg.

[6] Kohut A., *Ueber die jüdische Angelologie und Daemonologie in ihrer Abhängigkeit vom Parsismus*, pag. 36-42.

metatyrannon, derivandolo così dal greco, e altri la parola latina *metator*.

Se noi stessimo a due passi del Midrash [1] dove l' officio del Metatron è soltanto di misurare i confini della terra promessa, la sua identificazione col latino *metator* sarebbe da accettarsi. Ma altri passi fanno del Metatron un essere bene altramente importante. È identificato col principe del mondo, *Sar ha'olam*, [2] come se da Dio avesse avuto l' incarico di governare tutto il creato. È detto ancora il principe della divina presenza, *Sar happanim*, come colui che dinanzi a quella può presentarsi senza velo. [3] È chiamato il *grande scrivano, Safrà Rabbà*, [4] come il maggiore ministro della corte celeste. È il giovane sacerdote, *Na'ar*, che offre le anime dei giusti in espiazione d' Israel. [5] Ma ciò che lo fa quasi di natura divina, è che porta il nome stesso di Dio ; [6] perchè a lui si applica il passo scritturale, [7] nel quale Jahveh dice a Mosè: « Ecco io mando l' angelo dinanzi a te per guardarti nella via e per condurti al luogo che ho preparato. Riguardati dalla sua presenza e obbedisci la sua voce, non gli essere ribelle, perchè non perdonerà le vostre mancanze, imperocchè il mio nome è dentro di lui ». Come sopra abbiamo accennato, qui non si sa bene se si parla di un an-

[1] *Sifrè*, II, 338; *Bereshith Rabbà*, 5.

[2] *Jebamoth*, 16ª: *Holin*, 60ª e i Tosafisti in questi luoghi.

[3] *Tanhumà*, *Ethhannan* 6, e la nota del Buber; cf. *Echà Rabbati*. Introduzione sopra Isaia 22, 1.

[4] *Pseudo Jonathan*, *Genesi*, 5, 23.

[5] *Bamidbar Rabbà*, 12. Secondo il Talmud il sacerdote celeste sarebbe Michael. *Haghigà*, 12ᵇ. *Menahoth*, 110ª.

[6] *Sanhedrin*, 38ᵇ.

[7] *Esodo*, 23, 20 e seg.

gelo creato, o del Malach considerato come uno sdoppiamento dell' essere divino. Ma, quando questo Malach della Scrittura divenne nella teosofia talmudica il Metatron, era facile che alcuno tenesse questo quasi un secondo Dio. Difatti si asserisce che l' eresia, nella quale cadde il già nominato Elishà ben Abujjà, quando si dette a studiare i misteri religiosi, fu appunto questa di credere che Metatron fosse una persona divina. Dinanzi al rigido monoteismo giudaico tale errore fu giudicato peccato irremissibile, tanto che lo stesso Elishà diceva di avere udito da una voce misteriosa: Pentitevi, o figli ribelli, eccetto Elishà.[1] Così egli sarebbe stato escluso dal poter fare penitenza del suo peccato.

Però la stessa incertezza a cui avevano dato luogo le non bene definite espressioni del Talmud e dei Midrashim sulla natura del Metatron, si ritrova nella Cabbala posteriore. Imperocchè ora viene identificato con la Shechinà ultima delle dieci ipostasi divine, ora è tenuto il messo di lei, il suo angelo, come essere da lei distinto ed a lei inferiore.[2]

È cosa singolarissima poi che il Metatron secondo altra tradizione è identificato con Enoch. Si sa che la frase usata nel Genesi rispetto a questo patriarca è diversa da quella comune, giacchè non si dice, come per gli altri: « morì », ma: « non era più, perchè Dio lo prese ». Da ciò nacque la leggenda che Enoch salito vivo in cielo fosse trasformato in angelo. Ebbene quest' angelo, secondo una tradizione poi molto diffusa, è Metatron, e ciò non può accordarsi con l' al-

[1] *Haghigà*, 15ª.

[2] CORDOVERO, opera citata, *Sha'ar 'Archè hachchinnujim*.

tra opinione che lo fa principe del mondo fino dalla creazione. [1]

Abbiamo veduto che il *Metatron* si chiama anche Na'ar, giovanetto, fanciullo, e siccome questa parola ha in ebraico come *παῖς* in greco, *puer* in latino, *garzone* in italiano, anche il significato di servo, sta a rappresentare il primo ministro della corte celeste. Tutto ciò induce a credere che l'etimologia di questo nome sia dal greco *μετὰ θρόνον*, dopo il trono, cioè colui che sta immediatamente sotto il trono celeste, che occupa, dopo la Maestà divina, il primo luogo.

X.

Da questo essere di natura non bene definita, ma che pure ha più dell'angelo che della ipostasi divina, si passa facilmente a dire degli angeli, quali nel Talmud e nei più antichi Midrashim sono concepiti.

È naturale che gli angeli siano ammessi nelle credenze religiose dei rabbini, dacchè così esplicitamente, come abbiamo veduto, se ne parla nel Vecchio Testamento. Ma questa credenza fu molto svolta ed estesa.

La Scrittura non aveva detto nulla sull'origine degli angeli e sulla loro natura. I rabbini determinarono in prima che gli angeli sono creati, e li distinsero da Dio. Anche il *Malach Elohim* o *Malach Jahveh*, che, come abbiamo veduto, nella Scrittura si confonde spesso con la Divinità, è secondo il Midrash da questa di-

[1] Vedi i Tosafisti in *Jebamoth* 16ª, e in *Holin* 60ª.

verso.[1] Si disputa fra due dottori se gli angeli furono creati nel secondo o nel quinto giorno della creazione[2] ma nessuno sostiene che a questa fossero anteriori. Però si riconosce che sono immortali,[3] sebbene in altro luogo si parla di angeli che avrebbero un' esistenza temporanea, ed ogni giorno uscirebbero da un fiume ardente, e poi ne sarebbero di nuovo assorbiti per uscirne di nuovo la mattina appresso e così di seguito all'infinito.[4] In generale questi angeli, come quelli che formano la corte divina, sono detti angeli del servizio, *Malachè hashshareth*, sono in numero grandissimo, e costituiscono la famiglia superiore פמליא של מעלה.

Furono poi divisi in diversi ordini; ma il Talmud e i più antichi Midrashim non andarono di là dai nomi che si trovano nella Scrittura, e gli dissero *Hajjoth* o santi animali, *Ofannim* ruote, come nella visione di Ezechiel, *Serafim* come in quella d'Isaia, *Cherubim* come nel Genesi e poi in Ezechiel, e *Malachim*, che da nome generale divenne speciale di un ordine,[5] come accadde per il nome angeli anche nella gerarchia celeste dei padri e dei dottori cristiani.

Questi ordini angelici furono poi portati a dieci non solo dalla Cabbala, ma anche dai filosofi teologi, però con nomi diversi, fondandosi su quelli che qua e là trovansi nella Scrittura[6].

[1] *Shemoth Rabbà*, 2.
[2] *Bereshith Rabbà*, 1.
[3] *Sifrà*, *Vaikrà*, cap. 2.
[4] *Haghigà*, 14; *Bereshith Rabbà*, 78.
[5] *Rosh Hashshanà*, 24b; *Abodà Zarà*, 43b; *Mechiltà*, *Bahodesh*, 10; *Sifrè*, II, 306.
[6] Maimonide, *Jesodè Hattorà*, 2,10.

E non solo ai varii ordini furono assegnati varii nomi, ma anche ai singoli angeli. Già in Daniel si trovano, come abbiamo veduto, Michael e Gabriel, nel libro di Tobia (3,25 ; 12,15) Rafael, nel 4° di Ezrà Uriel (4,1) e questi quattro nomi furono adottati dai rabbini come quelli di quattro fra i principali angeli. Il significato di questi nomi è certo. Michael significa: chi è come Dio?; Gabriel, uomo, o forza di Dio; Rafael, Dio risana; Uriel, fuoco o luce di Dio. Come uno degli angeli che si presentano dinanzi alla Divinità è nominato Suriel, allontana, o Dio, il quale è rammentato nel Talmud, perchè dette prudenti consigli a Rabbì Ishma'el. [1] Angelo poi di straordinaria grandezza, che starebbe dietro il carro portatore del trono divino, è detto *Sandalfon.* [2] Strano nome, che secondo i più deriva dal greco συνάδελφος, confratello, [3] ma, ad opinione del Kohut, [4] è un composto di due sostantivi di lingua pehlvi e significa signore dell' altezza. Dalle straordinarie dimensioni che il Talmud attribuisce a quest'angelo, parrebbe che qui il Kohut fosse nel vero.

Ma a questi nomi ne furono dai mistici aggiunti molti altri. [5] Alcuni ne dà il libro di Enoch, che pare, non si sa bene in quale redazione, fosse conosciuto dagli antichi rabbini, [6] e non sarebbe prezzo dell'opera

[1] *Berachot*, 51ª.

[2] *Haghigà*, 13ᵇ.

[3] KRAUSS S., opera citata, pag. 192, 203.

[4] Opera citata, pag. 43.

[5] Un lavoro speciale molto utile per questa parte del misticismo è stato fatto da Moïse Schwab: *Vocabulaire de l'Angelogie d'après les Manuscrits hébreux de la Bibliothèque nationale.* Paris, 1897.

[6] Vedi JELLINEK, *Beth Hammidrash*, II, pagina XXX e seg., V, pag. XLI e seg.

riferire qui tutti questi nomi. Piuttosto fermiamoci agli offici attribuiti ad alcuni angeli.

In prima è di origine biblica la credenza che molti di essi presiedono e tutelano le varie nazioni. Abbiamo già veduto ciò che se ne dice nel libro di Daniel. Il Talmud dà un nome al genio protettore della Persia e lo chiama *Dobiel* [1]; del quale è facile vedere l'origine nella seconda fiera della visione di Daniel, che in forma di orso, in ebraico *Dob*, rappresenta la monarchia persiana. Ma secondo i rabbini ogni nazione ha in cielo il suo principe, il suo *Sar*, il suo genio tutelare. E siccome, stando all'etnografia rabbinica fondata sul capitolo X del Genesi, le genti sono settanta, altrettanti sarebbero i loro angeli protettori. Questa credenza ha forse il suo primo fondamento nella versione alessandrina che, dove il testo ebraico ha: [2] « stabilì i confini dei popoli secondo il numero dei figli d'Israel, » traduce: *κατὰ ἀριθμὸν ἀγγέλων θεοῦ* che suppone un testo בני אל invece di בני ישראל.

I rabbini su questo stesso passo biblico immaginarono la leggenda che, gettate le sorti fra Dio e gli angeli a chi toccasse la tutela dei varî popoli, a ogni angelo toccò una gente e a Dio il popolo ebreo [3]. Ma ciò è in contradizione col libro di Daniel, che, come abbiamo già detto, fa Michael l'angelo tutelare degl' Israeliti, e con altri passi del Talmud e del Midrash che con questo luogo della Scrittura si accor-

[1] *Jomà* 77, nelle edizioni integre del Talmud, cf. Rabbinovicz, opera citata, IV, 2, pag. 239.

[2] *Deuteronomio*, 32, 8.

[3] *Pseudo Jonathan* 32, 8 e seg., *Pirkè di R. Eliezer*, 24.

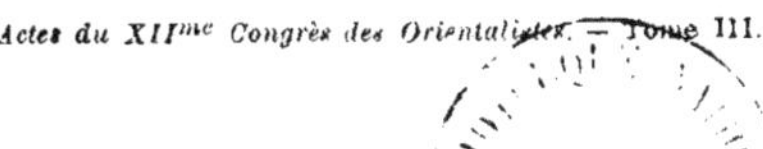

dano.[1] Secondo poi una terza tradizione[2] Michael e Gabriel sarebbero ambedue i custodi d' Israele, sebbene si dica altrove che hanno natura contraria, essendo il primo fuoco, il secondo neve.[3]

Fra gli angeli poi, che presiedono a diversi offici, rammentiamo prima il già nominato *Metatron* come principe e governatore del mondo[4]. Il genio del mare, *Sar shel jam* chiamato *Rahab*; intorno al quale è da notarsi una non piccola contradizione. Perchè, mentre in un luogo del Talmud si fa che questo principe del mare sia annichilato da Dio fino dalla creazione del mondo,[5] in un altro luogo lo vediamo ricomparire nel passaggiò degli Ebrei a traverso il Mar Rosso.[6] Le due leggende però provengono da due diversi dottori. Altri genî più particolari sono *Ridjà* per l'irrigazione della terra,[7] *Jorkamì* per la grandine[8], *Laila* per i concepimenti umani,[9] uno della concupiscenza,[10] un altro della collera.[11] Finalmente si ammettono due geni tutelari, che accompagnano sempre ogni uomo[12] e lo

[1] *Jomà* 77ª, *Jalkut Shim'oni*, Genesi § 132.

[2] *Shemoth Rabbà*, 18.

[3] *Bamidbar Rabbà*, 12. E anche in questo punto è da notarsi un disaccordo, perchè, secondo il citato passo del Jalkut, il fuoco sarebbe Michael, mentre è chiarissimo nel Talmud che Gabriel è il genio del fuoco. (*Pesahim*, 118ª).

[4] *Sanhedrin* 94ª; vedi il commento dell' Isaacita.

[5] *Babà Bathrà*, 74ᵇ.

[6] *'Arachin*, 15ª: *Pesahim*, 118ᵇ.

[7] *Jomà*, 21ª: *Ta'anith*, 25ª.

[8] *Pesahim*, 118ª.

[9] *Niddà*, 16ᵇ.

[10] *Bereshith Rabbà*, 85.

[11] *Ester Rabbà*, I, 10.

[12] *Berachoth*, 60ᵇ: vedi il commento dell' Isaacita.

benedicono ogni sera di sabato, quando la festa è osservata a dovere[1]. Secondo un' altra opinione questi due geni sarebbero di natura diversa, l' uno buono e l'altro cattivo.[2] E in questi è facile riconoscere la personificazione delle tendenze dell'animo umano, l'una al bene, l'altra al male[3].

XI.

All' esistenza degli angeli e dei genî benefici si riconnette quella dei demoni e dei genî malefici. Anche questa credenza ha nel Satan di Job e di Zacharia la sua prima origine, e certo anche nel serpente tentatore del paradiso terrestre, ma come quella degli angeli benefici si è poi molto ampliata.

Satan è divenuto proprio il genio del male: è lui l'autore di tutto quanto di cattivo avviene nel mondo. Egli è il malvagio tentatore, per cui tutto quanto gli uomini operano di male, l'operano per sua istigazione. Egli è l'angelo della morte[4], considerata nella teologia come la punizione a cui tutti gli uomini sono sottoposti, dopo il peccato d'Adamo. Egli è detto *Sammael*[5] che significa *veleno di Dio*, o come altri interpreta, *il più potente veleno*; e sotto questo nome è nemico dei buoni angeli Gabriel[6] e Michael[7], è l' avversario

[1] *Shabbath*, 119[b].

[2] Ibidem.

[3] *Berachoth*, 61[a].

[4] *Babà Bathrà*, 16[a].

[5] *Shemoth Rabbà*, 18.

[6] Ibidem.

[7] *Sotà*, 10[b].

d'Israel[1] e tenuto il principe di tutti i demoni.[2] Perchè presso i Rabbini questi sono creduti esistere in gran numero. Un cenno sull' esistenza di più angeli malefici si vede anche in uno dei più recenti Salmi (78, 49); ma nell' angelogia rabbinica sono molto aumentati. Sono chiamati angeli dannosi, *Malachè habbalà*[3]; e sotto la guida e il comando del loro capo portano nel mondo ogni specie di guai.

Nella teologia talmudica però non si definisce bene la loro natura. Sono essi cattivi e malvagi fino dalla loro origine, o, come nella teologia cristiana, sono angeli ribelli e decaduti dal loro primitivo splendore? Tacendosi affatto nel Talmud di questa seconda opinione, è da tenersi che, secondo i rabbini, Satan e i suoi sottoposti siano immaginati cattivi e malefici per loro originale natura, non per un corrompimento di questa. E anche i due demoni *'Azzà* e *'Azzael*, che sono tenuti gli spiriti che ebbero commercio con le figlie dell' uomo di cui si parla nel Genesi (6, 2) sono rappresentati, come già malvagi di loro natura e non divenuti tali dopo il peccato.[4] Un Midrash posteriore vuole al contrario che *Shamazai* e *'Azael* fossero in origine angeli buoni e decaduti solo dopo il peccato con le figlie dell' uomo.[5]

A questi angeli cattivi le credenze talmudiche aggiungono altri esseri intermedî fra i demoni e gli uomini. Sono detti spiriti, *Ruhin*, potenti *Shedin*, dan-

[1] *Shemoth Rabbà* l. c., e *Debarim Rabbà*, 11.

[2] *Shemoth Rabbà*, 21.

[3] *Shabbath* 55ª; *Chethuboth*, 104ª.

[4] *Jomà*, 67ª; vedi ivi il commento dell' Isaacita.

[5] *Jalkut Shim'oni*. Genesi, § 44.

neggiatori *Mazzikin*, e notturni *Lilin*, perchè si tiene che la loro maleficenza si estrinsechi principalmente di notte. Ed anche questi hanno il loro antecedente biblico nei *Shedim* del Deuteronomio (32, 17) e di uno dei più recenti Salmi (106, 37).

L'origine di questi esseri è spiegata in doppio modo. Ora si dice che rimasero imperfetti, perchè creati nel crepuscolo del sesto giorno, e non ci fu tempo di compirli chè incominciò intanto la sera del sabato;[1] ora si dice che nacquero dal connubio di Adamo con un malefico spirito femminile detto Lilit,[2] che vediamo già nella Bibbia (Isaia, 34, 14) come cattivo genio dei luoghi incolti e deserti.

Questi esseri recano agli uomini più generi di danni; quindi l'origine di uno dei loro nomi testè accennati. Ma la loro maligna indole ha nel medesimo tempo qualche cosa di umoristico, e al diabolico aggiungono il comico. Sono in numero grandissimo, sicchè se alcuno li potesse vedere, ne rimarrebbe atterrito. Si affollano ad ascoltare le prediche e le conferenze religiose, producono agli altri uditori col loro attrito stanchezza alle ginocchia, tremito alle gambe, e consumo degli abiti.[3]

La loro natura è così definita: in tre cose gli Shedin sono simili agli angeli, e in tre cose agli uomini. Come gli angeli hanno ale, volano da un estremo all'altro del mondo, e conoscono l'avvenire; come gli uomini mangiano e bevono, si riproducono e muoiono.[4]

[1] *Aboth*, 5, 6; *Pesahim* 54a; *Bereshith Rabbà*, 7.

[2] *'Irubin*, 18b.

[3] *Berachoth*, 6a.

[4] *Haghigà*, 16a.

Il capo di questi geni inferiori è detto *Ashmadai*[1] che è l'Asmodaeus di Tobia (3, 8). Questa parola forse significa *distruttore, danneggiatore* dalla radice *Shamad* con l'alef prostetica e la desinenza nominale. Il Benfey[2] e il Kohut[3] vogliono invece vederci l'*Eshma-deva* persiano, il demone della concupiscenza. Di questo malefico genio si favoleggia che cacciasse Salomone per un certo tempo dal trono e in persona di lui regnasse.[4]

Talvolta poi questi *Shedin* si mostravano ai dottori e con loro parlavano, dando ancora buoni consigli. Si rammenta un *Shed* per nome Josef, che era in relazione con Rab Josef e Rab Pappà, e diceva loro come liberarsi da certe cose credute di pericolo a cagione degli altri Shedin.[5] E l'intendere il loro linguaggio è annoverato fra i più alti gradi della scienza.[6]

Come si poteva entrare in relazione con questi spiriti inferiori, così si credeva che non fosse negato ai dottori di più alto merito e di più santa vita comunicare con gli angeli,[7] e per loro mezzo predire l'avvenire e operare miracoli. Così si passa dal misticismo teorico a quello pratico, come più tardi si distinse la Cabbala del pensiero, *Cabbala 'ijjunith*, da quella dell'azione, *Cabbala ma'asith*.

L'angelo che più spesso degli altri si dice trovarsi in relazione con i dottori è Elia.[8] E ciò si spiega fa-

[1] *Pesahim*, 110ª.

[2] *Ueber die Monatsnamen einiger alten Völker*, pag. 201.

[3] Opera citata, pag. 72 e seg.

[4] *Ghittin*, 68.

[5] *Pesahim*, 10ª.

[6] *Succhà* 128ª; *Babà Bathrà* 134ª.

[7] Ibidem.

[8] *Berachoth* 3ª; *Chethuboth* 105ᵇ; *Sanhedrin* 98.

cilmente se si considera che questi in origine fu un uomo, prima di essere assunto alla natura angelica; e quindi è più facile che con altri uomini comunicasse. Ma è strano che anche l'angelo della morte talvolta confabulasse con loro, e, dimenticando la sua maligna natura, desse anche buoni consigli.[1] Questo comunicare con gli angeli è certo un antecedente talmudico di quello che poi ammisero i Cabbalisti, cioè che i più degni di loro avessero un angelo rivelatore, *Magghid*, che insegnasse i più arcani misteri delle teosofiche dottrine, e anche l'avvenire, e in genere cose segrete e agli altri uomini ignote.

Agli angeli, ai demoni, agli Shedin si riconnettono gli spiriti dei morti, anche ai quali il Talmud attribuisce in alcuni casi di poter conoscere l'avvenire e di comunicarlo in qualche modo agli uomini. Lo Spiritismo insomma, del quale tanto si parla e si scrive ai giorni nostri, è antico negli uomini, e fa parte del culto dei morti, che è certo una delle forme più antiche della religione popolare. Sarebbe strano che non si trovasse nel Talmud, tanto più che nella Bibbia se da un lato si proibisce la negromanzia,[2] dall'altro se ne ammette come possibile l'efficacia; dimodochè è rimasta celebre la negromantessa di 'En–Dor come evocatrice dell'ombra di Samuel.[3] Si discute quindi nel Talmud se gli spiriti dei morti sanno o no ciò che avviene nel mondo, ma si ammette che talvolta conoscono l'avvenire e lo comunicano agli uomini.[4] Si sta-

[1] *Berachoth*, 51ª.
[2] *Levitico* 20,6; *Deuteronomio* 18,11.
[3] 1° Samuel 28,7-25.
[4] *Berachoth*, 18ᵇ: *Sanhedrin*, 56.

bilisce che hanno una diversa sorte secondo le colpe o i meriti della loro vita, e si dice che stanno sotto il comando di un genio chiamato *Dumà*,[1] che significa *silenzio*, nome conveniente a chi presiede ai morti.

Ma del resto nella dottrina intorno all'anima umana che bisogna ammettere di natura diversa dal corpo mortale, dacchè si parla di spiriti di morti, il Talmud non si accorda con la Cabbala nei due punti che questa ha di diverso dalle comuni credenze. Questi sono: la pluralità delle anime di diverso grado, che esisterebbero o no, nell'uomo a seconda dei suoi meriti, e la metempsicosi.

Intorno al primo punto non deve indurre in errore il cenno che si trova nel Midrash[2] dei cinque nomi dell'anima *Nefesh*, forza vitale, *Ruaḥ* spirito, *Neshamà* anima, *Jehidà* unica, *Hajjà* vivente, che corrispondono alle cinque anime dei cabbalisti: perchè in questo passo si dice che l' anima è unica e con i cinque nomi si vogliono soltanto significare i suoi diversi attributi. In altro luogo poi si dice che, come Dio è unico nell'Universo, così l'anima è unica nel corpo.[3] « E questo, come dice il Poeta, è contro quello error che crede, che un'anima sovr'altra in noi s'accenda ».[4] Solo si parla di un'anima di più che gli Ebrei avrebbero nel Sabato[5] (*Neshamà jeterà*); ma probabilmente ciò deve intendersi in significato allegorico, come un sentimento di religioso diletto, che i pii provano nel giorno consacrato al Signore.

[1] *Shabbath*, 125^{b}, *Sanhedrin*, 94^{a}.

[2] *Bereshith Rabbà*, 14.

[3] *Vaikrà Rabbà*, 4.

[4] *Divina Commedia*, *Purgatorio*, IV, 5 e seg.

[5] *Ta'anith*, 27^{b}: *Beẓà*, 16^{a}.

Della trasmigrazione delle anime in altri corpi in tutta la letteratura talmudica non si parla mai, ma sempre si tratta del suo dipartirsi dopo la morte del corpo, o in un luogo di pena temporanea o eterna, o in luogo di beatitudine.[1] Nel Talmud si ammette chiaramente la preesistenza dell'anime;[2] ma tutti sanno che non si deve confondere quest' opinione con quella della metempsicosi; perchè altro è che le anime preesistano ai corpi, altro che trasmigrino da uno in diverso corpo.

Nonostante, alcuni Cabbalisti hanno voluto trovare un accenno alla metempsicosi nell' opinione che si attribuisce a Rabbì Shim'on ben Lakish (3° sec. di C.) che Elia profeta era lo stesso che il sacerdote Pinehas.[3] Questa identità di persona fra due uomini vissuti a distanza almeno di quattro secoli non è spiegabile, dicono i Cabbalisti, se gli antichi dottori non avessero ammesso la trasmigrazione delle anime. Ma è tanto ciò che i Talmudisti hanno detto intorno all'anima, e in tante forme, che non vi è ragione per supporre che solo con questo indiretto ed oscuro accenno avessero alluso alla dottrina della trasmigrazione, se vi avessero creduto. Tanto più che non è certo questa la parte più pericolosa delle dottrine cabbalistiche da dovere tenerla segreta. Di più è da dubitarsi se l'identità fra Elia e Pinehas è veramente un' opinione

[1] *Rosh-hashshanà*, 16^{b} e seg.

[2] *Sifrè*, II, 144; *Jebamoth*, 62^{a}, 63^{b}; *'Abodà zarà*, 5^{a}; *Niddà*, 13^{a}: *Vaikrà Rabbà*, 15. Nei passi talmudici la parola גוף non significa corpo umano, ma il luogo dove le anime preesistenti son depositate: vedi il commento dell' Isaacita.

[3] *Jalkut Shim'onì*, Numeri 25, 11.

di Shim'on ben Lakish, oppure gli fu erroneamente più tardi attribuita. Dimodochè, spieghisi come vuolsi questa pretesa identità fra le due indicate persone, non ci sembra questo sufficiente indizio per porre fra gli antecedenti talmudici della Cabbala anche la credenza nella metempsicosi.

XII.

Piuttosto è da mettersi tra questi ciò che nel Talmud e nei Midrashim si dice più volte intorno alle lettere dell' alfabeto, sia per il loro potere miracoloso e creativo, sia per il significato esegetico che ad esse si attribuisce.

La diversa combinazione delle lettere è detta *Ziruf*, e si crede che mediante questa il mondo sia stato creato, e si possano operare miracoli. Questa superstizione trovò poi ampio svolgimento anche nel primissimo formarsi della Cabbala alcuni secoli prima che fosse ordinatamente costituita in compiuto sistema.

Si sa quanta parte la diversa combinazione delle lettere abbia nel libro *Jezirà*, e come su di essa si estendano anche i più antichi commentatori. Un apposito Midrash sulle lettere dell' alfabeto è quello conosciuto sotto il nome di *Othijoth de Rabbì 'Akibà*. Ripetutamente poi di questo soggetto si discorre nello *Zohar* e nei *Tikkunim*. Ma tutto ciò ha i suoi antecedenti nel Talmud.

Dio avrebbe creato tutti i mondi con la forza delle prime due lettere del tetragramma.[1] Rab diceva che

[1] *Menahoth*, 29ᵇ.

Bezalel, il costruttore del tabernacolo, sapeva combinare le lettere con le quali fu creato l'Universo, [1] e in ciò consisteva lo spirito di sapienza di cui Dio l'aveva dotato.

Rabbì Ishma'el avvertiva Rabbì Meir, che di professione era amanuense, di usare molta diligenza nel trascrivere i libri della Bibbia, perchè la deficienza o l'aggiunta di una lettera nel libro della Legge può rovinare il mondo. [2] E oltrepassando ogni limite dell'immaginativa, si ammette che se vi fossero giusti perfettissimi esenti da ogni peccato, potrebbero, mediante la combinazione delle lettere, creare dei mondi, o almeno esseri animati, e dar loro moto e vita per un certo tempo. [3]

Aberrazioni queste, dalle quali la mente umana assetata del maraviglioso non ha mai potuto intieramente liberarsi. Nel Talmud restavano cenni isolati e fugaci, che formavano soltanto una specie di mitologia popolare, un *folklore*. Nella Cabbala presero poi proporzioni troppo superstiziose e troppo funeste alla buona ed elevata parte della religione.

Rispetto poi al significato delle lettere come uno dei mezzi di esegesi della Scrittura, nella Baraità di Rabbì Eliezer figlio di Josè il Galileo si annovera fra quelli il valore numerico delle lettere considerate come cifre aritmetiche, e la scomposizione di una o più parole nelle lettere che le compongono per formarne altre parole. Dell'uno e dell'altro metodo di esegesi, cono-

[1] *Berachoth*, 55ª.
[2] *'Irubin*, 13ª; *Sotà*, 20ª.
[3] *Sanhedrin*, 65ᵇ: vedi il commento dell'Isaacita.

sciuti dai Talmudisti sotto il nome di *Ghematrjà* e *Notarikon*, il Talmud e i Midrashim forniscono numerosi esempi [1]. Come pure di disporre le lettere dell'alfabeto in ordine diverso dal consueto e variare i nomi degli oggetti e delle persone, prendendo invece delle lettere proprie quelle corrispondenti nella diversa disposizione alfabetica.

Un esempio di ognuno di questi tre mezzi interpretativi varrà a meglio chiarirli, e a farne conoscere nel medesimo tempo l' irragionevole stranezza.

Il nome di Eliezer servo di Abramo dà nelle sue lettere considerate come cifre aritmetiche, אליעזר, la somma di 318. E così significa che egli solo rappresenta la schiera di 318 uomini, con i quali Abramo assalì e vinse i re conquistatori della pentapoli palestinese. [2] Questa si chiama *Ghematrjà* che alcuni identificano al greco *γραμματεία*, altri a *γεωμετρία*.

Esempio del Notarikon (*νοταρικόν*) sarebbe la spiegazione della parola biblica *Charmel* che significa orzo o grano fresco, scomposta nei suoi elementi *Rach* e *Mel* e leggendo invece *Mal* per trovarci il senso *tagliato tenero, tagliato quando è tenero*. Esempio finalmente di sostituzione di lettere è la spiegazione che dava Rab al celebre *Menè menè tekel ufarsin* di Daniel, che, secondo lui, nessuno sapeva leggere, perchè scritto non con le proprie lettere, ma con le corrispondenti, prendendo l'alfabeto alla rovescia e incominciando dall'ultima lettera.

Questi metodi falsi d'interpretazione, che renderebbero la Bibbia poco meglio che un sistema di logogrifi,

[1] *Berachoth*, 8^a; *Shabbath*, 10^b; *Jomà*, 20^a; *Machchott* 23^b e molti altri luoghi.

[2] *Nedarim*, 32^a; *Bereshith Rabbà*, 43.

furono portati agli ultimi eccessi dai Cabbalisti, che ne avevano bisogno per trovare nella Scrittura tutte le aberrazioni della loro fantasia.

Ma è un fatto che, come le più grandi e più utili scoperte della scienza non sono state fatte d'un tratto solo e hanno i loro antecedenti che per la verità della storia giova rintracciare e scoprire, così avviene anche degli errori in cui la mente umana è caduta. Prima che fossero anche questi costruiti ed elevati a sistema avevano i loro antecedenti, che non sono però colpevoli delle funeste conseguenze che poi altri ne vollero trarre. E così, se nella Bibbia e nel Talmud si trovano alcuni antecedenti della Cabbala, non è da credersi che gli scrittori nè di quella nè di questo potessero sospettare quale sistema di fantastici errori vi avrebbero sopra edificato.

Sospettiamo noi però di riuscire con questo nostro scritto spiacenti tanto agli amici della Cabbala, quanto ai suoi avversarî. A quelli perchè non ammettiamo l'antichità delle loro dottrine, a questi perchè abbiamo tentato di mostrare che hanno qualche antico antecedente. Ma in tutte le questioni che toccano la religiono, quando si riesce a scontentare l' uno e l'altro dei partiti estremi guidati sempre da passioni e da preconcetti, è questa per noi la prova di aver colto il vero, o almeno di averlo senz'altra preoccupazione per sè stesso ricercato.

Firenze, Agosto 1899.

DAVID CASTELLI

LA CRONACA DI GALĀWDĒWOS

O CLAUDIO RE DI ABISSINIA

(1540-1559)

La grande storia del Re Malak Sagad o Sarṣa Dengel (1563–1596) è preceduta, siccome è noto, da quelle di Lebna Dengel, [1] di Claudio [2] e di Minās. [3] Di queste tre è di gran lunga, la più estesa quella del Re Claudio, la quale offre alcune particolarità di stile che non sono sfuggite al dotto editore di essa, e nominatamente la mescolanza di parole arabe. « La rédaction de cette chronique, (dice il Conzelman) paraît dénoter chez son auteur une certaine connaissance de la langue arabe, car plusieurs mots semblent avoir été empruntés à cette langue.... les expressions: que la paix soit sur lui; le Dieu glorieux et très haut; sont des formules arabes ». [4]

[1] Conti Rossini, *Storia di Lebna Dengel*, (R. Accad. dei Lincei, Rendic. Settembre 1894).

[2] *Chronique de Galāwdēwos (Claudius) Roi d'Ethiopie texte éthiopien traduit* ecc. par W. Conzelman, Paris 1895.

[3] E. Pereira, *Historia de Minas*, Lisbona, 1888.

[4] p. VIII. Cf. Conti Rossini, *Di alcune recenti pubblicazioni sull'Etiopia* (*Orient.* II) 6.

Ma leggendo attentamente questa storia sembra trovare in essa, non solo delle parole arabe inserite qua e là, ma tutto uno stile spesso diverso da quello di simili testi. Ciò ha fatto nascere nel mio animo il dubbio che questa cronaca, sia almeno in parte, tradotta dall' arabo. Voglio dire con questo che l'autore la stese dapprima in lingua araba, che gli era per avventura più familiare, ma non già per pubblicarla in arabo, sì bene per esser tradotta subito in ge'ez.

Per la grande affinità fra il ge'ez e l'arabo e per il fatto che la maggior parte della letteratura ge'ez è tradotta dall' arabo, non è certo facile trovare indizî affatto sicuri di quanto ho sospettato, e molte frasi che potrebbero credersi di origine arabica, sono dovute all'influenza generale dell'arabo sul ge'ez, e non a causa diretta e speciale. Ad ogni modo porrò qui appresso alcuni passi della cronaca che mi sembrano aver maggior peso per la questione.

5 $_{10}$, 6 $_{10}$. *al-ḥebuš* 'gli abissini', questa parola par semplicemente trascritta perchè non se ne intendeva bene il significato e le varianti dei codici lo confermano.

6 $_{7-8}$. *bagizē zayessanaw wasene' ba'egzi'abeḥēr* 'Dieu est le maître de l'opportunité'. Questa frase divien più chiara se si suppone traduzione inesatta di: في الوقت الموافق والتوفيق بالله (cf. 19 $_{2}$).

12 $_{11}$. *'enza yese'elo la'egzi'abeḥēr.... kama yetbāraku wayetla' 'alu wayeklā' 'emnēhomu....* en demandant à Dieu glorieux et très haut de bénir tout le peuple chrétien de l'élever (au dessus des autres) et d'éloigner de lui la dure oppression'. La frase تبارك وتعالي è tutta pro-

pria del nome di Dio, e solo per errore sarebbe qui riferita al popolo di Abissinia. Sospetto che il testo ge'ez sia traduzione di: يسأل الله .... حتي انه تبارك وتعالي يمنع.

31 9 s. *lamar'ĕthi yā'qobāwit 'enta tanadfat wasākua-yat westa gadām 'arabāwi.... lazani maṣe'a ḫabĕhu 'emmar'ĕt 'arabāwi....* 'il chercha aussi les brébis jacobites qui avaient été blessées et qui erraient dans le désert arabe.... quant aux brébis arabes qui vinrent se réfugier auprès de lui....' Qui naturalmente non si parla di deserto o di pecorelle *arabe*, ma di deserto e pecorelle *occidentali* (cf. Ludolf, *Comm.*, III, 12) alludendosi alla mitezza di Claudio, il quale, premuroso di ricondurre alla fede alessandrina coloro che l'avevano abbandonata, usò poi clemenza verso coloro che non vi appartenevano. Probabilmente *'arabāwi* è qui nel senso di 'occidentale' ma non è impossibile che sia nato da equivoco fra الغربي e العربي.

34 16. *Madinat maslem* sembra essere trascrizione di مدينة مسلمة creduto forse un altro nome di *Zibēd*.

35 6. Il *newāya* si spiega bene sol con نواه come ha notato il Conzelman.

35 14. *bazeyani 'agabbaratana faqād kama nenbeb nestita 'embezeḫta weddāsēhu kama netmayaṭ ḫaba zēnewo....* Questo dovrebbe intendersi: 'qui dobbiamo dire un poco delle molte sue lodi, affinchè torniamo (ovv.: in modo da tornare) ad annunziare....'. Il senso non corre bene, mentre sarebbe regolare se il *kama* si suppone traduzione di حتي, confondendo l' حتي finale (حتي ان) col semplice حتي per designare un limite di tempo, vale

a dire che prima di tornare al racconto, si pongono le lodi di Claudio.

42 $_{19}$. *lelnasarā* è للنصاري come 59 $_{12}$, *tanabbala* è تنبل .

44 $_{11}$. *maṣḥafa ḥoḥt negušāwi* forse : il libro della real corte, cioè gli annali ufficiali del regno, الباب.

49 $_{6}$. *śannāy 'engelgāhu* che non dà un senso chiaro, potrebbe nascere dall' avere confuso معشر con معاشرة nel testo arabo.

63 $_{10}$. *hāymānot retc'et zatafannawat 'ityopyā 'em'eskenderyā* la frase non sembra corretta, forse il *tafannawa* è traduzione errata di اقبلت confuso con قبلت cioè : الايمان الذى قبلت الحبشة من الاسكندرية.

64 $_{10}$. Il *sebesṭyās* potrebbe derivare da بسطباس , نسطباس , نسطاس , Anastasio (491–518) che qui conviene benissimo.

68 $_{17}$. *fedlatāt* che non esiste in ge'ez, è certo trascrizione di فضلة .

75 $_{15}$. *fallāḥin* فلاحين, già notato dal Conzelman.

77 $_{5}$. *'aškar* sembra parola introdotta per confusione con عسكر .

Un esame attento e minuzioso mostrerebbe, io credo, altre tracce di un'origine araba di questo testo. E d' altra parte pensando al fatto che appunto sotto il regno di Claudio una vita di Takla Hāymānot fu scritta in arabo e poi tradotta in etiopico, la mia supposizione non parrà troppo strana.

Il Conzelman scrive a p. VIII : « pour montrer son érudition, l'auteur ne se contente pas seulement d'exprimer les dates d'après le calendrier éthiopen, et met encore à contribution tous les calendriers connus des Abyssins et les determine même par la position du soleil dans les signes du zodiaque ». Riflettendo a questa particolarità del nostro testo, il pensiero corre naturalmente ad un libro dal quale i dotti cristiani traevano notizie e osservazioni cronologiche, cioè l'Abū-Šākʰir, opera che fu tradotta in geʿez da Embāqom, press'a poco quando fu scritta la storia di Claudio. Forse la parte storica dell'Abū-Šākʰir, della quale opera non abbiamo in Italia, per quanto so, alcun esemplare, potrebbe dare la spiegazione di alcuni strani nomi che occorrono nella cronaca di Claudio, come *tā'anim*, *'abrosifāriyon*, ecc. Potrebbe anche supporsi che Embāqom sia l'autore della Cronaca, ma riconosco le difficoltà che si oppongono a questa congettura.

IGNAZIO GUIDI.

EINE SYRISCHE WELTGESCHICHTE

DES SIEBENTEN YAHRHUNDERTS

Der vortragende macht erstmals mit einem bisher verschollenen nestorianischen Geschichtswerke bekannt, von dem er eine Abschrift erworben hat. Es ist dies das *Kĕthābhā dhĕresch mellĕ dhĕ thasch'ītha dhĕ'ālmā dhē-zabṇā* des *Iōchannān bar Penkājē,* verfasst gegen Ende des siebenten Jahrhunderts in oder bei Nisibis, eine Arbeit, dio als Geschichtsquelle nicht ins Gewicht fällt, aber von Interesse ist als ältester uns erhaltener Versuch in syrischen Sprache das zu schreiben, was wir vom Standpunkte der mittelalterlichen Wissenschaft, aus Weltgeschichte nennen könnten. Nachdem der Vortragende eine Inhaltsangabe der 15 Bücher des Werkes gegeben hat, schliesst er mit einer flüchtigen Skizzierung seiner Quellen. Neben der Bibel, dem " Jüdischen Krieg " des Flavius Josephus und einem chronographischen Compendium kommen unter diesen vor allem zwei in Betracht, — die verlorene Schritt eines unbekannten griechischen Apologeten, vielleicht des Quadratus (?) und ein exegetisches Werk im Geiste des Theodorus von Mopsuestia (?) Als weitere Quelle zur kenntnis antiochenischer Schrifterklärung vor allem würde denn auch die neue syrische Universalgeschichte ein eingehenderes Studium verdienen.

Dr. A. Baumstark
Privatdocent an den Universität Heidelberg

NOTE

ON THE

EVANGELIARIUM HIEROSOLYMITANUM VATICANUM

AND THE ORIGIN OF THE PALESTINIAN SYRIAC LITERATURE.

The recent discoveries of documents in the Palestinian Syriac dialect, valuable as they are for Biblical Criticism and for Philology, have thrown little light upon the origin of this curious by–way of Christian literature. The colophons of the Vatican Lectionary (*Evangeliarium Hierosolymitanum Vaticanum*) remain, with trifling exceptions, the only source which gives us any information as to where the surviving MSS were written, or where the Communities that used the dialect were situated. The main object of this paper is to bring forward some hitherto unnoticed evidence, which helps to identify some of the places mentioned.

The Vatican Lectionary (N°. XIX in S. E. Assemani's Catalogue) has been published in full by Miniscalchi–Erizzo, by Lagarde, and lately again by Mrs Lewis. At the end three notes in Carçhuni. They have been so often printed that it will not be necessary to give them here in full: it will be enough for our purpose to state their contents.

I. The first note tells us that the Lectionary was written in 1029 AD by the priest Elias of 'Abûd in the monastery of Amba Musa in the city of Antioch in the district of the *Dqûs* (ناحية الدقوس).

II. In the second note the same Elias of Amba Musa states that he has brought this book and others from Antioch of the Arabs (انطاكية العرب) as a perpetual gift to the sanctuary of St. Elias in the convent of the Star.

III. The third note records the donation of certain fields in 'Abûd to the convent of the Star through the instrumentality of the same Elias, who now describes himself as " the priest Amba Elias who presides over the convent of St. Elias known as the monasteries of the Star (القسيس انبليا المتولي عمرات القديس ماري ايليا المعروف بديار كوكب)

Thus the two places with which the MS is connected are *'Abûd* and *Antioch*. 'Abûd occurs again in other Palestinian Syriac documents: one of Mrs Lewis's Lectionaries from Sinai was written by an 'Abûdî; and Surûr the deacon, who is recorded to have bought several books at Minyat Ziftâ near Cairo, was descended from a native of 'Abûd.[1] It is a large village (spelt عابود in *Yaqût* III 583) half-way between Jaffa and Caesarea, and it is said still to contain some ancient Christian churches.

The real difficulty lies in the identification of Antioch and the meaning of the word *ed-Dqûs*. S. E. As-

[1] Wright, *CBM* i 379. Probably it was the occasion of the sale of the booty brought from Palestine by Sultan Bibars.

semani is responsible for the unfortunate conjecture that it was a corruption of القدس, and succeeding scholars have accordingly sought for this "Antioch" in the neighbourhood of Jerusalem. In fact, Assemani's conjecture is the sole reason of the name *Evangeliarium Hierosolymitanum* for the MS, and "Jerusalem Syriac" for the dialect. But a scribe's blunder in the familiar Arabic name of Jerusalem is wholly improbable.

Let us look at the matter from a more general point of view. The MS was written in the 11th century at a convent of St. Elias. It is moreover thoroughly "Orthodox": its Kalendar is that of the Greeks in communion with Constantinople. What place satisfies these conditions?

Put in this way the question admits of but one answer, *viz* the great Convent of St. Elias on the Black Mountain (*Tûrâ 'Ukkâmâ*), near Antioch *par excellence*, the Antioch of Syria.

But Antioch of Syria is Antioch of *ed–Dqûs*. This strange name is found again in B.M. *Add.* 14489, another Melkite Lectionary of the 11th century, also written at the Convent of St. Elias but in the ordinary Edessene Syriac. In a colophon at the end of this book we read that it was copied in the Convent or Cloister [1] of Mar Elia on the Black Mountain by *Joḥanan Duqsâya* for a certain priest from the town of *Duqsa*. The identity of this name with that called *ed–Dqûs* in the Arabic colophon is obvious: they are in

[1] The Syriac word here translated Cloister is *shûqâ*, corresponding to the Arabic. i. e. *Laura* (Proc. of Cambridge Philological Society, Nov. 19, 1896).

fact the same name in forms adapted to Syriac and Arabic respectively.

It only remains, then, to give an explanation how the words *Duqsa* and *ed-Dqûs* come to be used in connexion with Antioch. It appears to me that they are mere transliterations of δούξ, i. e. *Dux*. Antioch was captured from the Mahommedans by the Greeks in the year 969 AD, and it became from that time the centre of "Orthodox" influence in the lands of Islam. Politically it was governed by a *Dux*, while its ecclesiastical organisation was cared for by the appointment of an Orthodox Patriarch and by the foundation of these very monasteries of which we have been speaking. Antioch of the *Dux* must be that part of the district which was governed by the Greeks: Antioch of the Arabs would then be the part still under the Mahommedan dominion. Or the terms may refer to the Greek quarters of the city itself. In any case the Vatican Lectionary is an *Evangeliarium Antiochianum*, not *Hierosolymitanum:* in fact, the whole connexion of Palestinian Syriac literature falls to the ground.

What then, we may ask, is the origin and significance of the Palestinian Syriac literature? It is a literature wholly ecclesiastical, which to judge from the surviving documents had two flourishing periods. The first may be placed about the 7th century, but the exact date depends on palaeographical evidence alone. [1] To this period belong the palimpsests from the Cairo

[1] See especially the Note on "Palestinian Handwriting" by Gwilliam and Stenning in *Anecdota Oxoniensia* [*Relics of the Pal. Syriac Literature*, Oxford, 1896]. pp. 102-106.

Geniza, many of the fragments from Sinai, and the St. Petersburg fragments published by Land. These were brought by Tischendorf from the East: there can be little doubt that they also came from the Convent of St. Caterine on Mount Sinai.[1] The contents of these earlier MSS are all biblical with the exception of the Homilies published partly by Land, partly by M[rs] Bensly in *Anecdota Oxoniensia.*[2]

The other period from which "Palestinian Syriac" MSS have come down to us is the 11th century. To this period belong the three Gospel Lectionaries, all the London fragments but one, and certain other fragments at Sinai. Besides these there are two isolated document probably of a still later date which appear to have been written in Egypt.

The great distinction between the two periods is the appearance of the Greek Gospel Lectionary in the later period. The three surviving Gospel fragments of the older period (Land's two codd. Petropolitani and the isolated leaf in BM 14740) all formed part of MSS

[1] Land's *Petropolitanus Junior* has every appearance of having been part of the same MS from which were taken the leaves transcribed in M[rs] Lewis's *Catalogue of Syriac MSS ....on* Mount Sinai, p. 118, (*Appendix* 54). Both portions have been used for books written in the language known as Georgian or Iberian.

Similarly the Graeco-Arabic uncial MS of the Gospels called Θ[h] by Tischendorf belonged to the MS described by D[r] Rendel Harris in M[rs] Lewis's *Catalogue* (*Appendix* 9).

[2] I now feel confident that these belonged to the same MS from the evidence of the colophons (*cf.* Land *Fr.* 8 with *Relics*, p. 54. col. *a*). The greater irregularity of writing in the published photograph of M[rs] Bensly's *Homilies* comes from the fact that the vellum of the Sinai fragments is no longer flat.

containing the complete continuous text of the four Gospels: they contain lectionary notices, but they are not *Evangelistaria*. On the other hand, out of the six Gospel MSS from the later period which have come down to us whole or in part, only one contained the four Gospels in order. This one consists of certain leaves of BM 14664, that are to be carefully distinguished from other leaves now bound up with them which formed part of a lectionary.[1] Thus the Palestinian Syriac literature included a continuous text of the Gospels, but it seems to have been but little used in later times. It is worthy of notice that these ancient MSS of the continuous text of the Gospels agree more closely with the Peshitta than the Lectionaries.

In conclusion, I think it possible without drawing unduly upon the historical imagination to reconstruct the literary history of the dialect. Our oldest MSS are not earlier than the 6th century, their character is strictly "Orthodox", and there is a painful effort always apparent to follow the Greek even in the spelling of Semitic names. The only place where this literature seems to have been the ecclesiastical language of the people is 'Abûd, a place not far from the frontier between Judaea and Samaria. All this points to the age of Justinian and Heraclius and their determined efforts to extirpate Judaism and other ancient faiths from Christian territory.[2] Some measure of success no doubt attended these efforts. The converts and their descendants needed Christian instruction in their own tongue,

[1] The Gospel leaves are *foll.* 1, 3, 7. 8, 11-17.

[2] For Heraclius see Dalman's *Grammatik des Jüdisch Palästinischen Aramäisch*, p. 32.

and accordingly the Bible (or great parts of it) was translated, together with certain Homilies and other ecclesiastical works which have almost entirely perished. The only literary centre of whose existence we are aware during his early period is the great Convent founded by Justinian on Mount Sinai.

In the 10th and 11th centuries the success of the Greeks at Antioch created another centre for the struggling Community, and the Convent of St. Elias near Antioch seems to have become for a considerable period the headquarters of what literary work was done. The style of writing at St. Elias is much ruder than that of the early MSS, but the rules of grammar are kept: one MS, the Vatican Lectionary, is even pointed.

The great catastrophe came in the 13th century. Antioch was recaptured for Islam by Bibars the Mamlûk Sultan, the monasteries on the Black Mountain were destroyed, and the plunder of Palestine taken off to Egypt. The Palestinian Christians must even have established a kind of settlement there, as is proved by the Liturgy of the Nile now in the British Museum. Mrs Lewis's Lectionary of the Old Testament and Praxapostolos may have belonged to the same community. But there is little proof that the ancient fragments from the Cairo Geniza were Egyptian in origin: they may very well have been bought by the Synagogue authorities for waste vellum at the sale of the booty from plundered monasteries.

Much of what I have written in the concluding paragraphs is necessarily imaginative and hypothetical. I chiefly have wished to point out that in dealing with the Christian Palestinian Literature there is no need to postulate for it a high antiquity or any special connexion with the more ancient forms of Christianity. We can trace its existence almost to the time of Justinian, but an earlier date is not required either by the general course of history or by the character of the surviving documents.

F. C. Burkitt.

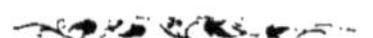

THE NAME OF SAMUEL AND THE STEM SHA'AL

After some introductory remarks upon the significance of plays upon proper names so frequently introduced in the narratives of the old Testament, it was shown that in the case of Samuel the play upon that name in connection with the verb *Sha'al* was so frequent as to point to some special relationship between the name and the stem. The ordinary meaning of the stem « ask » does not solve the problem involved and moreover by assuming this meaning alone, I Sam. 1,28 and 2,20 do not admit of a satisfactory interpretation, while the proposed textual emendation too fails to remove the difficulties.

Beside, however, the ordinary meaning, *Sha'al* in various forms is used in the religions sense of asking for an oracle. A large number of illustrations were adduced and incidentally some of the passages adduced were discussed with a view to their further elucidation. But not only the verb, the noun formed from the stem is also used in this sense and the thesis was then advanced that the participle *shô'el* was one of the names for priest in Hebrew as the 'asker' of oracles.

Traces of this usage were pointed out in Deut. 18,11 and Micha 7,3 and in justification for assuming this use of the participle, attention was called to the Assyrian *sha-i-lu* which is the perfect equivalent of Hebrew *shô-el* and is on of the names for 'priest'. It was then proposed to regard Hebrew *sha-al* in I Sam. 1,28 as a denomination of *Shô-el* and to render.

« Therefore I have made him a shô'el, i. e. have devoted him to Jahve ».

Similarly the past participle I Sam. 1,28 is to be rendered « devoted to ». In I Sam. 2,20 we should read again the past participle instead of *Shā-al* and translate « devoted to Jahve ».

Coming finally to the name itself, the element *Shemû* was compared to the Assyrian *shumu* so frequent in Babylonian-Assyrian proper names and signifying 'offspring, son': Shemû-el therefore means 'offspring of El' — an appropriate name for one 'asked for' from Jahve, given by Jahve and belonging to Jahve.

The play between Samuel and the stem *sha-al* rests upon assonance brought in about by the indefinite and vague pronunciation of the consequent *m*, so that Shemuel in colloquial parlance sounded as though it were *Shewu-el* and then by contraction *Shuûl*.

Prof. Morris Jastrow J. Ph. D.

University of Pennsylvania.

DES PREMIÈRES ORIGINES DU PEUPLE D'ISRAËL

D'où les Israélites sont-ils originaires? Ce problème, malgré les travaux que les savants ont entrepris pour le résoudre, n'a point encore reçu de réponse définitive, bien que la solution en ait été indiqué par Renan, dans son histoire du peuple d'Israël :[1] « Vers l'an 2000 avant J. C., le cœur de la race sémitique parût être l'Arabie. C'est d'Arabie que semble être partie la conquête qui fit de la Babylonie une terre sémitique. Les Araméens suivirent probablement la même voie. Enfin, selon d'anciennes traditions, c'est aussi d'Arabie que seraient venus dans les bassins de la Méditerranée les peuples qui se désignaient eux-mêmes du nom de Kanaani et que les Grecs nommèrent Phéniciens ».

L'Ancien Testament, le document fondamental des origines de la race d'Israël, nous donne-t-il la solution de la question que nous avons posée? Nous ne le croyons pas. Mais il nous fournit quelques indices importants à recueillir.

[1] T. I, p. 9 ss. Paris, 1877.

Tout d'abord, nous devons écarter résolument les conclusions que l'on peut tirer du nom même d'Hébreu עִבְרִי signifie, comme l'on sait, *celui qui vient de la rive opposée* (עֵבֶר), *de l'autre côté du fleuve.* Mais cette expression peut être prise dans deux sens fort différents. Tandis que les uns y voient une allusion à la venue des Israélites d'au delà de l'Euphrate, les autres, et parmi eux quelques uns des plus récents historiens d'Israël, n'y trouvent qu'une mention de l'arrivée des Israélites des plaines de Moab. D'après la première interpretation, le nom caractéristique d'Hébreu nous reporterait aux plus anciennes origines historiquement connues des migrations israélites ; d'après la seconde, aux événements qui présidèrent à la première conquête du pays cananéen. Rien de concluant, par conséquent, ne saurait être déduit du nom עִבְרִי.

Il en est de même, selon nous, du renseignement qui nous est donné *Deuter.*, XXVI, 5 : « Mon père était un araméen nomade. » (אֲרַמִּי אוֹבֵד). Cette expression, prise à la lettre, est inexacte, car les Israélites n'étaient pas à proprement parler des Araméens. Entendue dans l'acception vague et générale qu'elle a dans le contexte, elle indique simplement le siège des tribus israélites avant leur établissement en Egypte, puis en Palestine.

Un fait beaucoup plus important a été consigné dans l'Ancien Testament. Il ne nous donne pas la clef du problème énoncé, mais il nous fournit le premier élément de sa solution. La Bible hébraïque, sans remonter aux premières origines de la nation israélite, note avec soin le point de départ des Benê-Israël, dans les migrations successives qui devaient le conduire au pays de Canaan. Ce point de départ est 'Oûr–Kasdim (אור כשׂדים), 'Oûr des Chaldéens.[1] C'est de 'Oûr, en Chaldée, qu'est « sorti » Abraham, le patriarche par excellence, le père du peuple d'Israël.

'Oûr, du texte hébreu biblique, a été identifié avec Ourou des inscriptions cunéiformes ; sur l'emplacement de cette antique cité s'élève aujourd'hui le village de El Mouḳaïr–Ouron, siège du culte lunaire du Dieu Sin ; Oûr est désigné par Eupolème, historien juif du second siècle avant J. C.,[2] comme la ville babylonienne où naquit Abraham. Eupolème lui donne le nom du *Οὐρίη* ou *Καμαρίνη* (de l'arabe قَمَر *lune*). 'Oûr était situé sur la rive droite de l'Euphrate, entre Babilone et le golfe persique, à proximité des régions limitrophes de l'Arabie.

Il résulte de ces faits que les premières tribus des Benê–Israël sont « sorties » du sud de la Chaldée, de territoires confinant à l'Arabie, et que ce point de ralliement et de départ des Sémites nomades de race israélite n'est pas leur lieu d'origine, mais seulement l'étape le plus anciennement connue qui leur soit assignée par les documents authentiques.

*
* *

Les documents bibliques ne nous permettent pas de retrouver au delà de 'Oûr Kasdim les traces des premières tribus israélites. Nous est–il possible de remonter plus haut dans le cours de leur histoire ? Nous

[1] *Gen.* XI, 28, 31. XV, 7. Comp. *Neh.* IV, 7.
[2] Eusèbe, *Praepar. evangel.*, IX, 17.

estimons que cette investigation peut être poursuivie à la clarté des traditions arabes d'une part, et à la lumière beaucoup plus puissante de l'étude comparée des langues sémitiques, d'autre part. Nous ne ferons qu'indiquer sommairement ces deux sources de renseignements, qui toutes deux aboutissent à cette affirmation, à savoir que le berceau de la race israélite doit être cherché en Arabie.

Les traditions arabes sont unanimes à considérer les diverses branches de la famille de Sem comme issues d'une même patrie originelle.

« La plupart des auteurs arabes divisent leurs nation en races éteintes, *Baïda*, et subsistantes, *Moutéakkhara*.... On s'accorde à faire descendre les *Moutéakkhara* de Sem par Abir, patriarche appelé dans la Bible Héber ; il est aussi le père des Hébreux auxquels il a donné son nom. Les *Moutéakkhara* se partagent en deux grandes familles ; la tige de la première est Cahtân, que l'on confond assez généralement avec Jectan, fils d'Héber ; la souche de la seconde est Adnân, descendant d'Héber par Ismaël ».[1] Les Cahtanides ou Jectanides s'établirent d'abord dans le Jémen et plus tard se répandirent dans toute la peninsule. « La postérité d'Adnân à eu pour berceau le Hidjâz ; elle a peuplé une grande partie de cette contrée, et s'est ramifiée dans le Nadjd et les désert de l'Irâk, de la Mésopotamie et de la Syrie ».[2] « Le nom d'Arabes *Ariba* désigne les premiers, les plus antiques habitants de l'Arabie. Parmi ces races primitives, les principales sont :

[1] *Caussin de Perceval, Essai sur l'histoire des Arabes avant l'Islamisme*, etc. Paris, 1847, t. I, p. 6 s.

[2] *Ibid.* p. 9.

le peuple d'Amlîk ou les Amâlica (Amalécites de l'Ancien Testament), le peuple d'Ad ou les Adites, les peuples de Thamoud, de Tasm, de Djadîs, tous issus d'Aram et de Lud, fils de Sem, au dire de la majorité des historiens arabes ».[1] Or, Aram, d'après l'Ancien Testament, est la personification des Sémites araméens.[2] Les traditions antiques conservées par les historiens arabes témoignent donc de l'étroite unité d'origine et de vicissitudes, dans leurs premières expansions et migrations, des tribus sémitiques, quelque soit le nom sous lequel ces tribus fussent désignées : Araméens, Arabes, Hébreux, etc. On ne saurait affirmer plus péremptoirement l'origine unique de la race sémitique et le siège unique de sa résidence primitive, c'est à dire l'Arabie.

L'histoire des langues sémitiques confirme d'une manière éclatante les traditions que nous venons d'enregistrer. Elle établit tout d'abord la haute antiquité des branches araméenne, hébraïque et arabe du langage sémitique, et, au même temps, leur très étroite parenté La relation qui les unit est telle qu'il est impossible d'acquérir la connaissance approfondie de l'une sans pénétrer du même coup dans l'intimité des autres, et qu'on ne saurait être aujourd'hui hébraïsant, sans être, dans une certaine mesure, arabisant, aramaïsant et même assyriologue. L'épigraphie sémitique a montré, par l'étude des inscriptions rapportées d'Arabie par Doughty, Huber, Euting, Halévy, etc., ces inscriptions venant du nord, du centre et du sud de la presqu'île,

[1] *Ibid.* p. 7.
[2] *Gen.* X, 22.

que l'antique araméen et l'arabe archaïque se mélangent et fusionnent au point de ne pouvoir être distingués. Cette quasi-identification est telle que Renan [1] a pu dire que tout ce qui vient d'Arabie, en fait d'inscriptions, est araméen. » C'est la même conviction qu'exprimait, au XIVe siècle, l'historien arabe Aboulféda, [2] lorsque, se plaçant au point de vue de la langue arabe, il écrivait : « Des fils de Sem, il y eut ensuite Aram, qui eut plusieurs fils. Et la langue des fils d'Aram était la langue arabe ».

Il résulte de l'ensemble des considérations que nous venons de présenter que l'Arabie a été le grand centre sémitique, d'où sont parties les émigrations successives des peuples de cette race, parmi lesquels se trouvaient les Benê-Israël.

Dr. Edouard Montet.

[1] *Histoire du peuple d'Israël*, t. I, p. 10.

[2] *Historia anteislamica, ed. Fleischer*, Lipsiae 1831, p. 16.

POCHE PAROLE SUL MOVIMENTO RELIGIOSO DEL GIORNO

TRA

I MUSULMANI DEL NORD DELL' INDIA

È naturale che, a causa della facilità di comunicazione tra noi e l' Oriente, la nostra letteratura, le scienze ed i nostri metodi di educazione si siano insinuati tra i popoli delle Indie, e la loro influenza abbia già scosso profondamente la mente musulmana.

Eppure questa nostra antica civiltà non finirà col distruggere il Maomettanismo, come ha distrutto tante idee ed istituzioni religiose dei popoli selvaggi. No, questo torrente d' idee e coltura europea che si è sparso sul popolo musulmano produrrà solo probabilmente un movimento analogo al Rinascimento nell' Europa, dal lato intellettuale e religioso. Finora i segni più apparenti di questo contatto sono superficiali nell' adottare che fanno gli orientali il nostro modo di vestire, le nostre abitudini sociali. In Europa abbiamo risentito la scossa delle loro più forti emozioni solamente quando han preso una forma reazionaria attiva in opposizione alla coltura europea; ma almeno in India non mancano segni che dimostrano apertamente l' attitudine che diviene sempre più tollerante verso il continente cristiano e la sua coltura.

Dopo i disastri della ribellione del 1857, e dopo aver perduto ogni speranza di ristabilire la dinastia dei Mu*gh*al, i Musulmani indiani si rassegnarono ad accettare la situazione; avendo compreso l'impossibilità di mettersi in opposizione col governo inglese, cominciarono a trovare e mettere in prominenza quegli articoli della loro religione che armonizzano colle nuove condizioni, e, a poco a poco, abbandonarono le idee belligere e intolleranti della teologia loro. Questo movimento di pensiero religioso, che osserviamo tra i Musulmani indiani, si farà probabilmente sentire nelle altre parti del mondo musulmano che stanno sotto l'influenza o sotto governo europeo, tosto che avran compreso l'inevitabilità di questa supremazia. Tale movimento tende, nel fatto, a dare all'Islam nuova forma in armonia col pensiero moderno e con la civiltà cristiana. L'apologista di questa scuola più conosciuto nell'Europa è Sayyid Amīr 'Alī; ma siccome egli scrive in inglese, le sue opere sono conosciute meglio in Europa che tra i Musulmani indiani. Pel momento, voglio attirare la vostra attenzione sui due teologi che scrivono in volgare, ossia nella lingua hindostanica, e però influiscono tanto più sui pensieri dei loro correligionisti.

Il primo di questi è Sir Sayyid Aḥmad *Kh*ān, la di cui morte privò l'anno scorso i Musulmani del loro capo per le riforme politiche e religiose. Dall'infanzia la mente di Sayyid Aḥmad si volse alla teologia, e fino all'età di quarant'anni fu membro zelante della setta Wahhabī. Come Wahhabī si era già liberato delle dottrine ordinarie ortodosse delle antiche scuole; ma fu il desiderio di presentare l' Islam in una forma possibile pel dì d' oggi che lo spinse a lanciarsi sur una via affatto nuova e a prendere un corso proprio che rendesse l' Islam più immune dagli attacchi dei controversisti cristiani e più attrattivo per la giovane generazione dei Musulmani dell' India. I suoi lavori teologici sono dunque principalmente di carattere apologetico, e i suoi tentativi di ricostruzione sono deboli ed imperfetti. Tuttavia, mi proverò a indicare alcuni punti principali della sua teologia.

Il soprannome di نيچري cioè discepolo di natura, dato a lui e ai suoi seguaci, indica uno dei tratti caratteristici delle sue dottrine: l' universo è diretto da leggi naturali alle quali non v' è eccezione — chè il corso di natura è uniforme, — e qualsiasi dottrina teologica che è contro la scienza di natura, non può essere vera. Il Corano è la parola di Dio: — la natura è il lavoro di Dio; — e devono essere all' unisono, e l' uno spiegarsi in armonia con l' altro. Per cui egli nega i miracoli attribuiti a Muḥammad o a qualsiasi altro profeta dell' Islam. In conseguenza di questo suo rigetto de' miracoli egli fu costretto a dare una spiegazione razionale di quei versi del Corano che sono interpretati dai commentatori musulmani come alludenti a fatti miracolosi, e rigettò come non autentici tutti i Ḥadīth che affermano essersi operati miracoli. In tal guisa la vita di Muḥammad è interamente svestita dal suo lato miracoloso; شقّ الصدر (lo spaccare del petto) e المراج (il viaggio di notte) sono rappresentati esser visioni. Lo spaccarsi della luna nelle parole

اِقْتَرَبَتِ ٱلسَّاعَةُ وَٱنْشَقَّ ٱلْقَمَرُ

è detto uno dei segni che precederanno l'avvicinarsi del dì del giudizio; per cui è una profezia del futuro, e non si riferisce in alcun modo alla vita di Muḥammad.

A questo modo egli spiega altri eventi e fatti miracolosi nel Corano. I miracoli di Mosè sono attribuiti a influenza magnetica, mentre dice che la traversata del Mar Rosso fu fatta in luogo guadabile a marea bassa, e che l'armata di Faraone fu sorpresa e distrutta dal ritornar della marea. La nascita miracolosa di Gesù è negata, facendolo divenire figlio di Giuseppe e di Maria. Così continua col rappresentare Hudhud in سورة النمل come uno dei cortigiani del re Salomone, e نملة una vecchia di una tribù chiamata قبيلة النمل la cui esistenza è inventata a quello scopo.

Come si è detto, una grande parte degli scritti di Sayyid Aḥmad furono ispirati dal desiderio di rendere l'Islam più accettabile ai giovani Musulmani indiani, che sotto l'influenza dell'educazione inglese erano in rivolta contro la strettezza e il bigottismo della teologia dei loro padri, e di mostrare la loro religione in accordo coi principî più umanitarii dell'Europa moderna.

Allo stesso tempo, egli cercò d'incoraggiare un'attitudine di mente amichevole verso i governanti cristiani che avevan preso il posto della dinastia Mug*h*al. Non cessava mai di ripetere ai suoi correligionarî il verso

وَلَتَجِدَنَّ أَقْرَبَهُمْ مَوَدَّةً لِلَّذِينَ آمَنُوا الَّذِينَ قَالُوا إِنَّا نَصَارَى

« E troverete sempre coloro che dicono ' Noi siamo cristiani ', esser di cuore più presso a quei che han fede ».

In questo stesso spirito tollerante e nello stesso proposito di riconciliare i suoi correligionarî col dominio cristiano, espose la dottrina del Gihād, spiegando che non giustifica guerra senza provocazione,— mantiene che India è دار الاسلام e non دار الحرب — e nega il diritto al Sultano di Turchia di essere Khalīfah. Ma questo lato delle sue dottrine appartiene al suo lavoro di riforme sociali e politiche, più che a questo presente studio.

È difficile dire fino a che punto le sue idee siano accettate dai suoi correligionarî. Sayyid Aḥmad non fondò una setta speciale nè cercò di fare proseliti, e non rispose mai agli attacchi numerosi fatti alle sue opinioni teologiche. Ciò nonostante, la sua influenza si è allargata molto, specialmente tra i Musulmani della nuova scuola che hanno ricevuto educazione inglese, e tra quei Musulmani della vecchia scuola che combattono le credenze di fede rivali. E quello che è più importante della influenza immediata che i suoi scritti esercitano sulle menti dei Musulmani in questo momento, è la direzione che egli ha dato alle speculazioni teologiche e all'esegesi in India, animandole di un nuovo impulso, i cui effetti si manifestano con più e più forza nella letteratura di quel paese.

L'altro teologo indiano di cui desidero parlare è interamente differente. Mīrzā *Gh*ulām Aḥmad, generalmente conosciuto sotto il nome di Mīrzā Qādiānī (dal villaggio di Qādiān nel Panjāb dove risiede), in opposizione a Sayyid Aḥmad *Kh*ān, è il fondatore di una nuova scuola con tendenze proselitistiche ed attiva propaganda. Tuttavia anche lui presenta l'Islam come religione preminente di pace e di pietà. Dice di essere il Messia promesso, che si è manifestato in questo secolo, essendo il decimoquarto dopo Muḥammad, come Gesù si manifestò il decimoquarto dopo Mosè. Afferma aver ricevuto la certezza della sua missione di Messia da rivelazione divina, e a rinforzare le sue pretese si paragona a Gesù in queste parole: « Come Gesù Cristo, che fu principe e profeta, menò vita umile e mansueta e diede al mondo il magnifico esempio di mansuetudine di cuore, io che sono di sangue reale e anche in questo rispetto somiglio a quel principe-profeta, sono stato elevato dal comando divino a predicare umiltà e mansuetudine al popolo che si è allontanato dalle leggi morali e dall'eccellenza spirituale. » Egli spiega che, come Gesù dichiarò Elia essere rincarnato in persona di Giovanni Battista, così il secondo avvento di Cristo è stato compito all'apparire di Mīrzā *Gh*ulām Aḥmad. Egli dice la parola Messia significare persona collo stesso spirito e lo stesso carattere di Cristo. In conseguenza, ripudia completamente la dottrina maomettana di un Messia, che si unisca al Mahdi per combattere i miscredenti e ristabilire su questa terra il regno dei fedeli a forza d'armi, essendo interamente in opposizione al carattere di Gesù. Ei rigetta la maggior parte delle tradizioni sul Mahdi come falsificate, e probabilmente fabbricate al tempo degli Abbasidi e mantiene che le profezie autentiche relative al Mahdi ed al Messia si riferiscono ad una medesima persona. Così dice: « Iddio mi ha rivelato che io sono il Messia promesso, la lieta novella della cui venuta si trova nel Vecchio Testamento e nel Corano, e che io sono il Mahdi di cui parlan le tradizioni. Ho mostrato che il Mahdi ed il Messia sono due nomi differenti per la stessa persona e si riferiscono alle due principali funzioni che deve eseguire. La mia missione non è quella della spada, ma quella dei segni celesti, ed il mio regno non è di questa terra, ma spirituale. Iddio mi ha comandato di chiamare gli uomini sulla sua via con dolcezza e mansuetudine ed umiltà. In questi tempi di tenebre io sono il lume che conduce gli uomini in salvo dal demonio. Egli ha accordato all'Islam a mezzo mio un nuovo periodo di vita nel suo aspetto morale e spirituale. » Nello spirito Mīrzā Qādiānī attacca con violenza la interpretazione popolare di Gihād nel senso di battersi colla spada contro gli infedeli. Meno che per una eccezione importante, il resto delle sue dottrine è in armonia con le dottrine musulmane comunemente accettate. Egli è continuamente occupato in dispute con Hindu e Cristiani, ed ha scritto una quantità di libri in difesa dell'Islam e sulla preeccellenza del Corano.

Ma nella sua Cristologia prende una via unica e propria; mantiene (in opposizione alla comune opinione maomettana) che Gesù fu egli stesso crocifisso sulla croce, ma che ne fu tolto vivo e le sue ferite furono chiuse, curate a mezzo di un unguento preparato dai suoi discepoli, un unguento che si trova menzionato frequentemente in lavori medici arabici col nome di مرهم عيسي o مرهم حواريين. Dopo esser scappato dalla tomba con l'aiuto di Ponzio Pilato, fuggì in Kashmir, dove predicò ai discendenti degli Ebrei, che si erano stabiliti in quel paese dopo la cattività di Babilonia. Morì all'età di 120 anni e fu seppellito nella città di Srinagar, dove la sua tomba è ancora visibile. Questa tomba è detta dalla tradizione esser la tomba di un certo Yūz Āsaf, un principe e profeta che venne da una lontana contrada circa 18 o 19 secoli fa. Questa identificazione Mīrzā Qādiānī dice aver ricevuto da rivelazione divina. L'asserzione che Gesù non morì sulla croce è sostenuta da uno studio elaborato della narrazione dei vangeli sulla crocifissione e la sepoltura di Cristo, e da argomenti presi dal Corano e dai Ḥadīth. Per esempio, egli interpreta il verso

وَمَا قَتَلُوهُ وَمَا صَلَبُوهُ وَلَكِنْ شُبِّهَ لَهُمْ

come significante, « Essi (i Giudei) non lo uccisero, nè finirono di ucciderlo sulla croce ed essi erano in dubbio su di lui, » ossia, nella confusione causata dal terremoto e l'oscurità al momento della crocifissione, i Giudei lasciarono Gesù sulla croce senza essersi potuti assicurare se fosse morto.

Come si è detto più indietro, Mīrzā Qādiānī è il fondatore di una nuova setta, ed ha molti seguaci che aumentano considerabilmente, in ispecie nel Panjāb. Attrae molti coi suoi miracoli di guarigione e le sue profezie, alle quali ha ricorso in sostegno alle sue pretese messianiche. Ma il ricordarle è fuori luogo in questo discorso, il cui scopo è soltanto di mostrare alcune delle linee principali tra le quali si muovono le speculazioni teologiche tra i Musulmani nelle Indie.

T. W. Arnold.

DE L'ACTIVITÉ LITTÉRAIRE CHEZ LES ARABES

Il n'entre point dans le cadre de ces pages de tracer un tableau de la littérature arabe, de ce vaste et grandiose mouvement d'idées, de connaissances, de productions intellectuelles qui honorent la pensée humaine, ni de montrer comment les Arabes, élargissant le domaine de la science grecque, furent le lien fécond et lumineux qui rattache la civilisation antique à la civilisation moderne. Mon but est plus modeste. Je voudrais seulement, en quelques notes rapides, donner un aperçu de l'activité littéraire des Arabes, qui s'est exercée dans toutes les branches du savoir et qui a laissé d'innombrables et splendides témoignages de la culture supérieure de ce peuple et de sa riche imagination.

Ceux qui ont fait de cette littérature l'objet d'une attention sérieuse, ceux qui — sans parler des bibliothèques d'Europe — ont eu la rare occasion de se rendre compte de l'énorme quantités d'ouvrages inédits conservés dans les grandes bibliothèques d'Orient peuvent apprécier l'infatigable ardeur, les profondes recherches, la somme immense de labeur et de talent que les Arabes ont apportée à l'étude des sciences et des lettres. Ce fut pendant de longs siècles une production incessante, d'une infinie variété de sujets, absorbant des milliers d'existences vouées au travail, et dont l'ensemble confond jusqu'aux esprits les plus portés à exalter les mérites des Arabes. Et que d'ouvrages détruits par l'eau ou par le feu parmi lesquels des œuvres remarquables à divers titres dont il ne reste plus trace nulle part et dont les lettres arabes aussi bien que l'histoire et la littérature générale déploreront toujours la perte. Lorsque les Mongols entrèrent à Bagdad en conquérants — et en barbares — ils jetèrent, au dire des chroniqueurs, de tels monceaux de livres dans le Tigre, que le cours du fleuve en fut obstrué et qu'une espèce de pont se forma sur lequel on passait d'une rive à l'autre! Dans les capitales du monde musulman, Bagdad, Samarkand, Damas, le Caire, Cordoue, Fez et autres, les Khalifes et les princes, protecteurs et amateurs des lettres, souvent poètes et écrivains eux-mêmes, avaient réuni des collections de manuscrits dont quelques unes contenaient des centaines de mille volumes. L'historien Ibn-as-Saï raconte que quand le Khalife abasside Mostanse fonda l'école qui portait son nom, il y fit transporter deux cent-quatre vingt-dix charges de livres rares et précieux sans compter d'autres livres de moindre valeur.

Lorsque l'emir Samanide Neub-ibn-Mansour, manda auprès de lui As-Sahib-ibn Abbad pour lui confier le vizirat, cet homme illustre déclina l'offre, pourtant si flatteuse, de l'émir, en alléguant, entre autres excuses, qu'il ne pouvait se séparer de sa bibliothèque dont le transport exigeait quatre cents chameaux! Et c'était un simple personnage qui possédait une telle bibliothèque ! Que penser, par suite, de celles des Khalifes, des Sultans, des Emirs, des vizirs, des savants, des dépôts, des mosquées et autres collections publiques !

Pendant tout le moyen-âge et même longtemps après, les Arabes furent les plus grands ouvriers de la plume, la nation la plus intellectuelle de la terre. Ils ont marqué au coin du génie nombre d'œuvres supérieures, et leur intelligence, leurs aptitudes se sont manifestées avec une fécondité incroyable dans tous les genres scientifiques et littéraires : théologie et jurisprudence, philosophie spéculative et expérimentale, sciences physiques et mathématiques, géographie et récits de voyage, leur langue — une véritable science — l'érudition, la critique et l'histoire, la poésie, l'épopée et ces contes populaires, universellement célèbres, merveilles d'esprit, de grâce et de couleur, un des plus magnifiques chefs-d'œuvre de cette opulente littérature.

Quand on consulte aujourd'hui les catalogues des bibliothèques de Constantinople on est surpris de voir que les productions arabes connues jusqu'à présent, si nombreuses qu'elles soient, ne représentent qu'une faible partie de celles, encore inédites, que le temps a épargnées. Bien des fois, dans ces riches dépôts de manuscrits, je laissais les thèmes plus ou moin classiques, si fréquemment traités par les écrivains arabes, pour chercher un ordre de conception qui, pensais-je, devait leur être peu familier ou même étranger. Et j'étais émerveillé d'y découvrir une foule de livres, plus ou moins volumineux, d'auteurs différents sur ces matières, ou je mettais en doute leurs facultés et leurs connaissances !

Quand on veut parler de cette littérature, on doit s'y entendre et ne point ressembler à l'enfant qui prend l'horizon pour les bornes du monde. Derrière cet horizon il y a encore des montagnes et des vallées, des plaines, des fleuves, des mers. Et lorsque l'enfant grandira, lorsqu'il quittera son horizon, il s'apercevra que le spectacle qui frappait ses regards n'était qu'un point imperceptible du vaste univers et que son imagination le trompait d'une étrange manière. Tel est le cas de bien des gens, prétendus connaisseurs, qui accusent la littérature arabe de pauvreté, en parlent avec dédain, et se font, en somme, juges de ce qu'ils ignorent. S'ils se donnaient la peine de rechercher les titres intellectuels des Arabes, ils changeraient sans doute de langage, et leur admiration proclamerait que ce peuple a bien mérité de la civilisation.

Les savants d'Europe, historiens et orientalistes, ont rendu justice au rôle utile et fécond de la littérature arabe, qui leur doit, du reste, une grande partie de sa diffusion, et tant de travaux et d'interprétations remarquables. M. Sédillot, dans son excellente « Histoire des Arabes », citant le célèbre As-Syouthi, fait remarquer que cet écrivain composa plus de livres que beaucoup de personnes n'en ont lu dans le cours de leur vie. Le nombre de ces écrits s'élève, en effet, à plus de quatre cents. Mais à la suite des savants, des écrivains et des poètes vient le flot des commentateurs. Il n'est pas d'ouvrages importants, pas de recueils de verses célèbres qui n'aient été l'objet d'un ou de plusieurs commentaires. On en compte quarante pour le « Divan » de Moténabbi l'illustre poète ; trente pour le « Tashil » d'Ibn-Malik, autant pour le « Kitab » le grand traité grammatical de Sibaoueih. Mais il serait long et fastidieux de s'étendre sur ce sujet.

Beaucoup d'ouvrages arabes égalent en étendue les plus volumineuses publications de notre époque. Combien de leurs productions dépassent quarante volumes! Le « Kitab-al-Idah » d'Abou-Ali-al-Farisi a été amplifié et complété en trente volumes par le Cheikh Djorjani, et en quarante trois par Ibn-Dahan. L' « Histoire d'Alep » par Ibn-al-Adim est en quarante volumes, et la célèbre « Histoire de Damas » d'Ibn-Assakir en quatre-vingt volumes. On se disait entre lettrés, qu'Ibn Assakir avait dû se mettre à la composition de cette chronique dès l'âge de raison, une existence entière suffisant à peine à ce travail colossal.

Ibn-as-Sabaki, parlant dans ses « Tabakat » de la compilation historique non moins célèbre d'Ibn Djarir Tabari, raconte que ce dernier dit un jour à ses amis, des collaborateurs : « Que pensez vous d'une « Histoire du monde depuis Adam jusqu'à nos jours ? » « De quelle envergure serait-elle ? demandèrent-ils à leur tour. Il répondit « De trente mille feuillets. » Ses amis lui firent alors observer que leurs existences seraient consumées avant l'achèvement d'une telle entreprise. Tabari soupira : Nous sommes à Dieu et nous retournerons à Lui! Les énergies sont mortes ! » Et il abrégea son Histoire. On doit aussi à cet infatigable auteur un Commentaire du Coran, très volumineux, qu'il dût raccourcir de même pour en faciliter l'étude aux *tolbas* qui fréquentaient ses cours. Dans cette catégorie de compilations on peut encore citer le livre d'Aboul-Ola Ma'arri intitulé « Le tronc et les rameaux » en douze cents cahiers. Quelqu'un rapporte en avoir vu le centunième volume. Enfin Ibn-Akil Al-Hanbali a composé un ouvrage en huit cents volumes. C'est, il semble bien, le plus vaste recueil de la littérature arabe.

Abou-Bekr Kazi a écrit plus de cent ouvrages. Ibn Khallikan, dans la biographie d'Ibn Soraïdj le shaféïte, dit que cet écrivain a produit environ quatre-cent ouvrages. L'imam Al-Baïhaki a compilé sur le « Hadith » plus de mille cahiers. Ibn-al-Khatib, auteur d'une célèbre « Histoire de Bagdad », a composé plus de soixante ouvrages. Aboul-Houssaïn Ar-Rawandi en a écrit cent quatorze et l'illustre savant Ibn-Sina près de cent. Dans la biographie de l'Emir Jzz et-Molk-al-Masbahi l'égyptien, Ibn Khallican raconte également qu'on doit à ce personnage une Histoire générale en treize mille feuillets. Il cite également de lui une douzaine de compilations de mille ou deux mille feuillets chacune. S'il fallait énumérer ici les ouvrages des illustres écrivains musulmans tels que Abou-Nasr Farabi, Fakhr-ed-Din Razi, Gazzali, Zamakchari, cette nomenclature nous entraînerait trop loin. Les bibliothèques, les dictionnaires biographiques fournissent à qui voudrait les consulter à cet égard les plus amples et les plus surprenantes révélations.

Au reste, ce qui a réveillé mes souvenirs et m'a incité à tracer ces pages, c'est la visite que j'ai faite en dernier lieu à la bibliothèque dite de Malik-Daher à Damas, riche dépôt de manuscrits, formé il y a quelques années seulement et peu exploré jusqu'ici. J'y ai parcouru un très important recueil intitulé « Al-Kawakib-ad-Deurriah » (les Astres etincelants) d'Aboul-Hassan-Ali- Ibn al-Houssaïn-al Hanbali, disciple de l'imam Ibn Taïmiah. Il traite de toutes les connaissances et, pour l'étendue des matières, peut-être comparé à une encyclopédie moderne. Mais les sujets n'y sont pas rangés par ordre alphabétique. La bibliothèque « Malik-Daher » n'en contient que quarante tomes. Il paraît que cette énorme compilation en comptait cent vingt ou même davantage, car on en a rétrouvé le cent-vingtième. Elle date de l'année 830 de l'hégire, et plusieurs écrivains y ont collaboré. Enfin chaque volume est de 35 cahiers environ, soit 700 pages, grand format. Cet ouvrage si considerable n'est cependant pas mentionné dans le recueil bibliographique « Kaschf-az-Zonoun » de Hadji-Khalfa. Mais cette omission, entre tant d'autres, n'est pas pour étonner. Hadji-Khalfa n'a connu et n'a cité qu'une faible partie des richesses littéraires arabes, que plusieurs recueils de l'étendue du sien ne suffiraient pas à énumérer simplement. Le temps et la main des hommes ont anéanti une notable fraction, non la moins précieuse, nous le répétons, des productions de l'esprit arabe. Une grande partie de ce qui reste est dispersée ou inaccessible aux chercheurs et aux savants. Seule l'imagination pourrait évoquer l'ensemble grandiose, infiniment vaste de la littérature dont les Musulmans arabes revendiquent les mérites et la gloire.

Je voudrais terminer par un vœu, que je prends la liberté de soumettre à la bienveillante attention de cette illustre assemblée qui représente l'orientalisme dans sa science la plus haute et la plus compétente. Les bibliothèques de Constantinople renferment les monuments les plus précieux de la langue arabe, car les Sultans ottomans, qui ont conquis la plupart des pays musulmans, prenaient soin de faire transporter dans leur capitale les manuscrits trouvés dans les villes qui se soumettaient à leurs armes. Je pense que ce serait rendre un grand service à la littérature arabe et à l'orientalisme en général que de rendre à la lumière les œuvres inédites les plus remarquables conservées dans les bibliothèques de Constantinople. Ces collections sont au nombre de quarante-trois environ, contenant plus de quatre-vingt mille volumes. Si la liberalité de quelques protecteurs des lettres en Europe s'intéressait à ce projet, pour les capitaux nécessaires, un comité de savants orientalistes et autres, serait constitué avec mission de consulter les manuscrits en question et d'en publier ce qui offrirait le plus de nouveauté et d'utilité, aussi bien sous le rapport des connaissances générales, qu'au point de vue de la langue et de la littérature arabes. Il y a là des manifestations insoupçonnées du génie oriental dont le succès auprès du public lettré européen semble assuré. L'accueil que ces publications trouveront dans le monde musulman sera non moins favorable. Avec le résultat moral, ce succès garantirait le résultat matériel de l'entreprise.

Septembre 1899.

Emir Chékib Arslan.

SUL CULTO DEI SANTI NEL MAROCCO

Nel Marocco i santi si chiamano *weli* o *baraka;* un santo morto è chiamato *sijid* o *ṣaleḥ*. La santità è ereditaria fino ad un certo punto nelle famiglie degli *shurfa* e dei *mrabṭin*. Gli *shurfa* (sceriffi) sono discendenti di Maometto; i *mrabṭin*, la nobiltà religiosa dei Berberi, non hanno grande importanza nelle parti arabe del Marocco, ove sono considerati come gli schiavi degli *shurfa*. Non si deve mica credere però che ogni sceriffo od ogni *mrabuṭ* sia un santo. È vero che uno sceriffo è sempre considerato con una certa riverenza; rivolgendogli la parola, si dice *sidi* o *mulai*, « mio padrone. » Può viaggiare dovunque gli piaccia, e riceve dappertutto da mangiare per niente. Va sempre sicuro, e non c' è caso che lo si lasci soffrir la fame. Gode l' immunità di esser maledetto nella maniera ordinaria dei Mori, perchè il maledire gli antenati d' uno sceriffo si considera un affronto contro il profeta stesso. Batti uno sceriffo, dicono i Mori, ma non maledirlo; se lo fai, ti sarà tagliata la lingua. Uno sceriffo è liberato dal castigo in molti casi, in cui un altr' uomo sarebbe messo in prigione o severamente bastonato, e se è punito, la sua qualità di sceriffo gli fa mitigare la punizione, perchè è sempre probabile che uno sceriffo abbia fra i proprî antenati qualche potente santo rivendicatore. Infatti, il rispetto che si porta ad uno sceriffo dipende grandemente dalla fama dei suoi antenati. Con tutto ciò non sempre i discendenti dei santi, per famosi che questi siano, sono santi essi pure. Per dare un esempio a me più familiare, il mio compagno, Sceriffo 'Abd es-Salam el-Baḳali è senza dubbio un oggetto di grande venerazione nel suo villaggio nativo, Beni Ḥlu in Angora. Alla mia visita, che feci lì insieme con lui, il popolo gli baciò i vestimenti, chiedendogli la benedizione. Però neppure là è considerato santo nel senso proprio della parola, nè era considerato tale suo padre. Ma il nonno Sidi el-Ḥusni è venerato come un gran santo. La casa in Tangeri ove questi è sepolto, è una *zawia*, casa di santo, nella quale non mi è stato mai permesso di entrare, sebbene il mio amico vi abiti con la madre. Si può dire però che i discendenti dei santi hanno sempre una maggior forza spirituale degli altri uomini, perchè hanno più grande speranza di vedere adempiti i desiderî invocando i proprî santi antenati. Ma ciò non li fa santi. Un *weli* è uno che può fare da intercessore presso Dio o che ha il potere di far miracoli. Sono relativamente pochi gli *shurfa* che possono pretendere una tale distinzione.

Ci sono santi che non sono nè *shurfa* nè *mrabṭin*. Una devozione straordinaria può elevare un uomo alla dignità di santo. Quelli che oltrepassano il numero di preghiere e digiuni prescritti dalla religione maomettana, sono generalmente considerati più o meno santi.

Fra i santi si contano anche quei campioni dell' Islamismo che, si dice, hanno scacciato i Cristiani dal paese, i cosiddetti *Muǵahedin*, le cui sante tombe si trovano lungo la costa, nei luoghi ove i Mori hanno combattuto coi Portoghesi.

D' altra parte, le alte qualità morali non fanno santo un uomo, e neppure sono necessarie in un santo. Anzi, la condotta d' un santo può esser cattivissima, qualche volta proprio licenziosa. Si trova più o meno fuori dei limiti ordinarî degli obblighi morali, e fino i suoi vizî possono aumentare la sua santità, magari anche esserne la causa. Ho sentito parlare d' uno sceriffo della famiglia di Mulai ʻAbd es-Salam, tuttora vivente, il quale è stato un gran bandito ed è ancora un briacone, ma che nondimeno vien considerato come un santo. Ha la facoltà miracolosa di predire il futuro e guarire malati, ed è quasi sempre ubriaco. Una parte dei santi moreschi è reclutata fra i pazzi e gl' idioti. I pazzi pericolosi per la sicurezza generale vengono rinchiusi in *el-morsṭan*, una prigione per i matti rabbiosi, mentre gl' innocui sono riveriti come *baraka*. Non sono tenuti responsabili delle assurdità che commettono. Durante il mio soggiorno a Fez vi era una donna che soleva passeggiare per le strade quasi perfettamente nuda, ed a Tetuan vidi un pazzo mangiar pane pubblicamente nel mese di Ramadan, in pieno giorno, peccato per il quale ciascuno all' infuori d' un santo sarebbe stato punito severissimamente.

La caratteristica d' un *weli* è la forza miracolosa conferitagli come un favore da Dio. Questa forza si manifesta sotto forme varie e diverse. Ci sono santi che possono muoversi da un luogo ad un altro in modo contrario alle leggi ordinarie della natura. Si dice che il defunto sceriffo di Wazan andò una volta da Gibilterra a Tangeri passando lo stretto a cavallo. Mulai 'Abd el-Kader, il gran santo, aveva volato per tutto il mondo; Mulai Ibrahim, coll' epiteto *eṭ-ṭair eǵ-ǵbel,* l' uccello della montagna, aveva anch' egli la facoltà di volare. E Sidi 'Allah el-Ḥaǵ, la cui tomba si trova presso esh-Shawen e il quale è tenuto in grande riverenza dal popolo delle vicinanze, volò una volta alla Mecca. Oltre a ciò ci sono esempî di santi che hanno trasferito altri uomini a quel luogo santo. Mulai 'Abd el-Kader, zoppo e vestito di panni sudici, con in mano un bastone, andò una volta fuori le mura della città di Fez. Vide quivi un uomo che sedeva in terra e piangeva, e gli domandò perchè era così triste. L' uomo rispose che il *Basha*, cioè il governatore, l'aveva punito, perchè un cattivo, desideroso di rapirgli la moglie, l' aveva accusato falsamente dicendo al *Basha* che si era vantato di poter andare alla Mecca in un giorno. All' udire ciò 'Abd el-Kader dette all' uomo dei denari per comprare a Fez un pane ancora caldo. Questi andò in città e ritornò portando seco un pane bollente. Allora Mulai 'Abd el-Kader gli disse di metterglisi a cavalcioni sulla nuca e di chiudere gli occhi; l' uomo obbedì, e poco dopo, aprendo gli occhi, si accorse di essere alla Mecca col pane sempre caldo. Il santo lo pregò di andare a trovare delle persone di Fez e di mostrar loro il pane ancora caldo. Queste allora crederono quel che egli raccontava del proprio viaggio miracoloso e ne scrissero lettere ai loro amici a Fez. L' uomo le prese e, messosi un' altra volta sulla nuca del santo, fu ricondotto subitamente alla propria città, ove il popolo, dopo aver letto le lettere, fu persuaso del miracolo, e il mentitore venne punito severamente dal *Basha*.

Si raccontano tante storie della trasformazione dei santi. L' ultimo sceriffo di Ważan, che morì solamente pochi anni fa, era una volta a pranzo in una casa di Parigi. Mentre i suoi commensali cominciavano a fare cattive osservazioni su di lui, ad un tratto si trasformò in un leone. Quando Sidi el-Ḥusni el-Baḥali andò a fare una visita al Sultano e gli dette la mano, questa fu trasformata nella zampa d' un leone. Sembra siavi una connessione intrinseca fra un santo e questo animale, perchè un santo è anche qualche volta chiamato *es-sb'a*, che vuol dire leone.

Molti altri miracoli sono attribuiti a certi santi. Un santo può vedere dietro a sè senza voltarsi, può vedere ogni cosa: i sette cieli, le sette terre ed i sette mari. Pochi anni fa, quando Tangeri fu invaso da una moltitudine di locuste, il popolo ne portò una allo sceriffo di Wazan. Egli le sputò in bocca, e gl' indigeni crederono che ciò dovesse scacciare tutto quel flagello. I Mori dicono che Mulai 'Abd el-Ḳader si resse su di una gamba per quarant' anni, pregando Dio. Du l-Ḳurnajen che era considerato un profeta avanti Maometto e che, dicevano, aveva vissuto duecento anni, fendè la montagna che una volta univa il Marocco con la Spagna. Un santo che apparteneva alla famiglia Baḳali poteva trarre acqua dalla terra, semplicemente scavandovi un buco con la mano. L' idea di poter trarre acqua dalla terra col far entrare una canna nel suolo è la base del racconto seguente.

Due uomini andarono una volta a Sahara spacciandosi per santi della famiglia di Mulai 'Abd el-Ḳader.

Per guadagnare denari s' ingegnavano a curare i malati, ma non avevano buon successo ed il popolo prese in sospetto la loro santità. Allora uno di questi falsi santi trovò una maniera di scampo. Prese un otre, l' empì di acqua e lo nascose sotto terra; poi tutti e due gli uomini si misero a ballare lì sopra per attrarre l' attenzione della gente.

Quando si videro circondati da una gran folla, uno di essi con un bastone fece un buco nella terra; l'otre si ruppe, e l' acqua schizzò fuori. Allora il popolo si convinse che erano santi. La storia però non finisce qui. La nuova sorgente è rimasta per sempre in quel luogo, perchè Mulai 'Abd el-Kader aiutò gl' ingannatori. Esso aiuta tutti quelli che l' invocano, anche quelli che dicono una bugia. È *esh-sheḫ el-kiddabin*, il santo protetttore dei bugiardi.

Un altro miracolo, che voglio raccontare, si fa ancora continuatamente. Nella tribù Beni 'Arus c'è una casa santa, a cui è annesso un gran pezzo di terra, e questa appartiene a Sidi Heddi. I suoi clienti vivono lì, e la casa santa è visitata da moltissime persone. Il *mḳaddam* o soprintendente della casa santa è un santo anch'egli. Con un piatto di *suksu* può dare da mangiare ad un gran numero di persone. Porta il piatto in una stanza piccina, e, quando lo riporta, il *suksu* per un miracolo s'è aumentato fino alla quantità necessaria per soddisfare tutti.

I santi possono predire il futuro e sanno quel che accade in altri luoghi. Sidi 'Abd er-Raḥman el Miġdub sapeva tutto ciò che avveniva sulla terra e nel cielo, e prediceva anche, fra le altre cose, che il Marocco un giorno sarebbe cristiano, benchè ai tempi suoi non ci fossero cristiani nel suo paese. La sua profezia non s'è ancora avverata, ma i Mori non dubitano che s'adempirà in avvenire.

Una cosa comunissima è che un Moro, il quale desidera di sapere qualche cosa in riguardo al suo futuro, va da un idiota o da un pazzo, perchè i Mori credono che Dio abbia ritenuto nel cielo la ragione di simili persone mentre i loro corpi sono sulla terra, e che quando gl'idioti o i pazzi parlano, Dio abbia permesso che la loro ragione ritorni a loro per un po'. Quindi si debbono tesoreggiare le loro parole come quelle di persone ispirate. Quando il mio compagno una volta aveva qualche dispiacere a Tetuan, suo fratello in Tangeri, che è considerato *baraka* o santo, mostrò nella sua condotta di saperne qualche cosa, benchè non ne parlasse a nessuno. Così mi raccontarono amici Mori a Tangeri.

Il miracolo più comune ed anche più lucrativo che possano fare i santi è di curare i malati. I santi *shurfa* (sceriffi) sono prima di tutto dottori. Il santo preme con la mano la fronte del malato, prega per la sua salute, e poi, dopo aver levato la mano, gli sputa tre volte in fronte. Prima che tutto questo sia fatto però il malato deve pagare un *derham*, cioè quattro centesimi, il solito onorario, il quale anche la gente più povera è obbligata a pagare. Si considera questo pagamento quasi come un atto d'incantesimo essenziale per la cura.

Molte persone danno di più, e se il malato guarisce ed egli e la sua famiglia son ricchi, fanno spesso un bel regalo al santo.

Un santo può operare miracoli, perchè Iddio gli

ha dato un potere speciale per farli. È un prediletto di Dio, e le sue preghiere sono efficacissime; per la qual cosa molti lo pregano d'intercedere per loro presso Dio in casi di carestia, di malattie, di siccità o pel desiderio di prole, ecc. Quando egli benedice la raccolta o il cibo, si può sempre sperare in un buon resultato. D'altra parte, bisogna aver cura di non destare il dispiacere d'un santo. Lalla 'Awish, *sherifa* a Tangeri, ancora vivente, aveva uno schiavo che fu messo in prigione dall'autorità. La santa andò dal califfo pregandolo di render la libertà allo schiavo; ma quegli rifiutò, ed allora essa pregò Dio di mandargli una grave malattia, e Iddio l'esaudì. Il resultato fu che il califfo dovè andare alla sorgente di Mulai Ja'ḳub per guarire. Si dice ch'egli, dopo, credè nella santa. Una storia simile si racconta di Sidi el-'Azri, della famiglia di Mulai 'Abd es-Salam. Questo santo un giorno andò al mercato delle frutta a Tangeri e domandò ad uno dei venditori se voleva regalargli un po' di frutta. Avendo avuto una risposta negativa, il santo se n' andò implorando Dio perchè bruciasse tutto il mercato, e subito Iddio esaudì la sua preghiera. Questo accadde pochi anni fa. Il santo vive ancora, e ogni volta che entra in una bottega chiedendo qualche cosa gliela regalano subito. La casa in cui vive un santo è un rifugio sicuro. In tempi di guerra il popolo di Beni H'lu in Angora era solito di portare i proprî oggetti di valore alla casa di Sidi el-Ḥusni, e nessuno osava toccarli in quel luogo.

Il contatto con un santo o con qualche cosa appartenente a lui o anche la sola sua presenza è capace di produrre un miracolo. Nel monte di Mulai 'Abd es-Salam si vede l'orma del piede del santo. Se Sidi 'Abd el-Hadi premeva la mano contro un sasso, vi lasciava l'impronta delle sue cinque dita; e quando uno sceriffo beve del vino, questo si cambia in latte od in miele appena gli tocca le labbra. Ed una volta che alcuni cristiani per provare la sua santità cercavano d'indurre il defunto sceriffo di Wazan a mangiare un po' di maiale, ogni pezzettino di maiale che avevano mescolato col *suksu* offertogli si trasformava in un maialino, quando lo sceriffo scopriva il vassoio. Vicino alla casa santa di Sidi 'Allah el-Hağ è un albero che comincia a ballare; quindi gli *shurfa* (sceriffi) ballano intorno ad esso, ed i suoi movimenti somigliano quelli degli uomini.

Non si deve credere che il contatto con un santo o con qualche cosa appartenente a lui dipenda sempre dalla volontà del santo, desiderando di essere benefico. È buono per la salute bevere l'acqua in cui si lava, ed il baciargli la mano od il vestito ha un'influenza benefica; e un pezzo del suo abito o del legno della cassa in cui lo portano alla tomba è molto ricercato. Il legno è *baraka*, e col bruciarne un pezzettino uno che abbia il mal di testa può scacciare il dolore. (Il popolo bacia perfino il cavallo su cui il Sultano è andato, perchè il Sultano del Marocco è sempre venerato come un santo).

Ci si rivolge ai santi anche per ottenere che piova, ma le loro preghiere non sono sempre considerate abbastanza efficaci. In tempi di gran siccità gli sceriffi od altri uomini sacri son condotti al mare e messi nell'acqua, e se fanno resistenza, le mani sono senz'altro legate loro sul dorso. Poi si riportano in città, ove ancora una volta per la strada vengono bagnati d'acqua. Il mio amico un giorno andò al villaggio di suo zio insieme con sua madre e sua sorella, la quale è considerata come *baraka*. Siccome allora era molto desiderabile per la raccolta che piovesse, gli abitanti del villaggio versarono acqua addosso alla giovane donna, e poco dopo cominciò a piovere.

La forza miracolosa d'un santo non cessa con la sua morte, anzi aumenta. Il popolo dice che un santo, propriamente parlando, non muore mai. Dorme soltanto, e la sua tomba o il luogo ove dorme diviene un posto santo che si chiama *sijid*. Molte di queste tombe hanno una specie di cupola a cui si dà il nome di *ḳobba*. Non solamente la tomba d'un santo però, ma anche i posti visitati da lui si venerano, e sopra di essi molte volte si erigono case sante o *zawiats*, le cui dimensioni possono variare infinitamente. Ci sono *zawiats* troppo piccole per contenere un uomo, ce ne sono altre che s'adoprano come moschee. Molto spesso nient'altro che un mucchio di sassi dimostra il luogo ove un santo è stato seduto, e quello si chiama *rawda*, nome che si dà pure al mucchio di sassi che indica il primo posto da dove il viaggiatore può vedere una casa santa.

Si deve osservare che il luogo ove hanno eretto una casa santa si crede sempre debba essere stato in contatto materiale col santo. Ciò può sembrare strano. Quasi tutte le città del Marocco hanno *zawiats* che sono dedicate ai diversi santi protettori delle congregazioni religiose: Sidi Mḥammed Ben 'Aisa, il santo degli 'Aisawa, sepolto in Meknes; Sidi 'Ali Ben Ḥamdush, il santo dei Ḥamadsha, sepolto a Zörhun; Mulai Themi il santo dei Thuhama, sepolto a Wazan; Mulai 'Abd el-Kader, il santo dei Ǵillala, sepolto a Bagdad; Mulai el-'Asbi, il santo dei Derkawa, sepolto a Mogador; Sidi Aḥmed Ben Naṣar, il santo protettore degli scrivani, sepolto nel Dra. Si crede davvero che questi santi abbiano visitato tutte le città e che abbiano seduto nei posti ove le loro *zawjat* si trovano.

Un *sijid* od una *zawia* sono luoghi sacri a cui nessuno può avvicinarsi senza avere certe qualificazioni. Nel Marocco è proibito ai Cristiani il visitarli, e a Fez intere strade, a causa della loro vicinanza alla tomba di qualche santo grande, sono chiuse ai miscredenti. Si racconta che un Moro una volta portò un cristiano con sè alle *zawia* di Mulai 'Abd es-Salam. Dopo il suo ritorno la casa gli fu bruciata nella notte, ed egli e la sua famiglia perirono fra le fiamme. Questo incendio era la vendetta del santo. Niente però accadde al cristiano. Vicino a Tetuan, poco tempo fa, una comitiva di *touristes* alzarono le loro tende presso le tombe di Mugahedin, benchè fossero stati avvertiti di non farlo. Nella notte si alzò una tempesta che fece gran guasto fra le tende. Sulla costa atlantica del Marocco si trovano *sadats* i quali son pericolosi per i vapori che vi passano davanti. Sidi Kasem, la cui tomba non è lontana dal Capo Spartel, fa naufragare un bastimento tutti gli anni. Mulai Buselham, parimente, la cui tomba si trova sulla costa meridionale di Laraiche, si arrabbia quando un bastimento si avvicina troppo al suo *sijid*. Ma in certe circostanze il santo è pericoloso anche per il maomettano. Quello che visita un *sijid* od una *zawia* in istato d'immondezza sessuale, sarà punito con una malattia venerea. Soltanto il mkaddam può avvicinarsi alla tomba di Sidi Heddi, ma neppur egli può entrare nel recinto della tomba di Mulai 'Abd es-Salam, la quale non ha una porta, poichè dispiacerebbe al santo, se qualcuno si avvicinasse alla sua tomba. Una volta un uomo saltò di là del muro e baciò la tomba, ma quest'atto fu per lui funesto; nel lasciare la tomba, egli fu ucciso da una palla sparata non si sa da chi, sebbene si creda che l' uccisore sia stato il santo stesso. Andando una volta il Sultano a visitare il *sijid* del medesimo gran santo, il suo cavallo si fermò a qualche distanza di là, e siccome non c' era verso di spingerlo più oltre, il Sultano dovè continuare a piedi. È anche necessario che i visitatori si levino le scarpe in tempo.

Certi atti si considerano abominevoli se commessi in una *zawia* o presso un *sijid*, come, per esempio, l'insudiciare questi posti, l'impossessarsi di qualche cosa appartenente al luogo, o l'arrestare persone che vi si fossero rifugiate. La casa di Sidi el-Ḥusni in Beni Ḥlu, che è ancora considerata come una *zawia* sebbene tutta in rovine, fu una volta assalita dai nemici di un' altra tribù, i quali, dopo aver bruciato le altre case del villaggio, tentarono di bruciare anche questa; ma i fiammiferi non presero fuoco. Allora sfondarono la porta ed entrarono nella casa; però nell' aprire una cassetta, la trovarono piena di api che ne uscirono e li punsero. Quasi sempre nelle vicinanze di ogni *sijid* in campagna crescono alberi, ed ovunque si vede un boschetto nel Marocco, si può esser press' a poco sicuri che ricinge la tomba d' un santo. Quegli alberi sono considerati sacri, e nessuno potrebbe danneggiarli impunemente. Mi hanno raccontato d' un uomo il quale, per aver tagliato un bastone d' un albero simile, fu ad un tratto paralizzato. Presso la casa antica di Sidi el-Ḥusni in Beni Ḥlu c' è un grande ulivo, sotto cui il santo soleva sedere. Una volta qualcuno ne staccò un ramo che diede a mangiare al suo bue, ma l'animale ne morì. Io stesso sono stato seduto sotto quell' albero, invitato a farlo dal mio amico, nipote del gran santo, ma gli abitanti del villaggio, sebbene non vogliano mischiarsi in quel che fa il loro prediletto, trovarono sconsiderato accordare un tale privilegio ad un miscredente. Perfino le pietre della casa rovinata sono *tabu*, e se qualcheduno le usasse per la fabbricazione d'una casa, questa cascherebbe senza dubbio. Nello stesso villaggio è un altro albero che non appartiene al recinto del santo, ma sotto il quale egli soleva sedere; ed anche quello è sacro. Cresce sull' orlo della strada ed è un grand' impiccio per i cavalcatori, poichè non è permesso tagliarne i rami, i quali pendono molto in basso. Fra Laraiche ed il villaggio el-Ḫamis, presso la *Ḳobba* di Sidi el-Ḫairi si trova un sacro sughero che il popolo suole baciare e su cui appendono strisce di panno. Il tagliarne un ramoscello sarebbe un abominio.

I *sadats* e le *zawiats* del Marocco sono asili; un uomo che vi si rifugia sta sotto la protezione del santo, qualunque sia il suo delitto. Certe case sante sono considerate così inviolabili che perfino il peggiore delinquente è sicuro mentre vi rimane. È pericolosissimo portarlo via, perchè il santo sarà il suo vendicatore, o piuttosto si sdegnerà per la violazione del santuario. Un uomo che, contro la legge del paese, aveva importato uno schioppo, si rifugiò nella tomba di Lalla Minnana a Laraiche. Ciò nonostante il *basha* della città lo trasse fuori e lo mise in prigione; ma il colpevole non vi rimase molto tempo, perchè il santo, arrabbiato, lo aiutò. Tre giorni dopo, quando il custode gli dette la minestra, il prigioniero gliela buttò in faccia e, mentre il carceriere pulivasi il viso, trovò l' opportunità di scappare insieme con alcuni altri delinquenti. Oltre a ciò il *basha* fu cacciato via dalla città poco dopo, naturalmente ad istigazione di Lalla Minnana. Soltanto il capo della famiglia del santo può allontanare un rifugiato dal luogo sacro, e neppur egli può farlo con violenza. A richiesta del *basha* persuade il delinquente di lasciare l' asilo, promettendogli il suo aiuto perchè la punizione non sia troppo severa. Questo genere di protezione, mentre senza dubbio serve a fini umanitarj, d' altra parte dà origine a molti abusi. È specialmente una causa d' infinito fastidio ai mercanti nazareni, i cui debitori, col ritirarsi alla *zawia* più vicina, trovano un mezzo di differire il pagamento per qualunque durata di tempo.

La santità d' un *sijid* o d' una *zawia* non è solamente del genere *tabu*. S' invoca in sommo grado l'aiuto dei santi morti, la cui assistenza si chiede in molti casi differenti. Si portano malati ai loro santuarî perchè siano guariti ; donne che desiderano un bambino vanno lì per diventare incinte; e in tempo di siccità lunghe processioni di gente scalza e con la testa nuda ci vanno per implorare il santo di pregare Iddio che faccia piovere. Molte donne visitano le case sante per avere un marito, e gli uomini ci vanno per chiedere aiuto nelle loro ricerche di tesori nascosti. Se qualcuno ha un bue che non ara bene, lo mena lì promettendo al santo di dargli un *mud* di orzo o di frumento, se vuol migliorare la bestia.

Colui che ha qualche cosa da chiedere non visita il santuario con le mani vuote; candele od olio, incenso ed anche denari sono i regali o *wa'da* più comuni. Oltre a questo si fa la promessa al santo, se vuol esaudire l'invocazione, di sacrificargli un animale presso il santuario. Il supplicante bacia la porta e le pareti e spesso la soglia della casa santa. Il baciare la soglia è d'obbligo in certi santuarî. Questo è il caso del santuario di Mulai Idris perchè, come si dice, il suo schiavo vi giace sotterra, e del santuario di Mulai Ismain a Meknes, perchè il suo cavallo vi è sepolto sotto. Nel santuario di Mulai Abd es-Salam, che non ha porta, il supplicante bacia la finestra. Dappertutto, eccetto i rari casi in cui la tomba stessa non è accessibile, si baciano le parti di essa sotto le quali si suppone siano la testa ed i piedi del santo; o, se la tomba ha un coperchio, se ne baciano le parti correspondenti. L'animale, sia un bue, sia una pecora, sia una capra o anche un gallo, si macella sulla soglia del santuario. Non c'è nessun banchetto di sacrifizio, perchè tutte le offerte sono prese dal *mḳaddam* del santuario, che coscienziosamente le distribuisce nella famiglia del santo, e ottiene per sè stesso una parte uguale a quella di ogni membro della famiglia. Dico coscienziosamente, perchè ci vorrebbe un coraggio più che umano per osar di amministrar le offerte d'un santo in modo disonesto. Al santuario di Mulai Abd-el-Ḳader si portano polli bianchi ancora viventi, essendo questi i suoi animali prediletti.

Le suppliche ai santi si fanno principalmente il giovedì, il venerdì ed il lunedì, il ventisei di Ramadan e nell'anniversario del santo. Il venerdì alcuni musicanti vanno a suonare dinanzi alla porta di ogni *sijid* e *zauia* della città. I santi principali e quelli le cui famiglie vivono ancora, hanno tutti le loro feste annue. La maggior parte hanno la loro festa nel *Mulud*, ma non tutti. Così Sidi Aḥmed el-Bernusi, la cui tomba si trova fuori di Fez, ha la sua festa cinque giorni prima di Ramadan, e Mulai Idris tre giorni avanti quel mese. Sidi Ḥsain, che è sepolto poche ore distante da Tangeri, ha la sua festa il giorno dopo quello in cui le pecore sono uccise all' 'Id el-Kebir. Il santo protettore di Tangeri, Sidi Muḥammed el-Hağ, ha la sua festa nel settimo giorno dopo il natalizio del Profeta. Allora gli abitanti di tutti i villaggi vicini alla città portano un bove alla sua *Ḳobba*, e fanno musica e giuochi di polvere, e altrettanto fanno i cittadini di ogni quartiere. Gli animali vengono uccisi sulla soglia, dopo di che il popolo entra nel santuario, bacia la tomba, e recita versi del Corano. Quando tutti gli estranei hanno lasciato il luogo, la famiglia del santo prende gli animali macellati e li distribuisce fra ciascuno di loro. D'un carattere più privato è la festa come quella di Sidi el-Ḥusni el-Baḳali, il nonno del mio compagno. Il sette del *Mulud*, parenti ed amici del santo e della sua famiglia si radunano in casa sua, portando con loro buoi che uccidono sulla soglia della casa, e la sera ne prendon la loro parte mangiando tutti insieme. Baciano anche la tomba come al solito. Nella notte sono chiamati quaranta scrivani perchè recitino il Corano a mente, e lo leggono intero, ognuno recitandone a vicenda un *sura*. Ciò dura fin verso le quattro di mattina, quando ogni scrivano ottiene un onorario di cinquanta centesimi, dopo di che tutti se ne vanno, e la festa è finita. Le suppliche che il popolo rivolge al santo, mentre ne bacia la tomba, devono tutte esser fatte impercettibilmente, soltanto movendo le labbra. Il Corano invece si recita sempre ad alta voce. I supplicanti hanno la speranza che il santo voglia pregare Iddio di aiutarli, perchè quando Dio ascolta le preghiere d'un santo vivente, esaudirà anche quelle di uno che ha lasciato la terra.

I Mori però non traggono resultati benefici solamente dalle preghiere ai *Sadats;* anche il contatto materiale con qualche cosa appartenente al santuario può avere un effetto salutare. In ogni *sijid* o *zawia* c'è una palla di ferro che i malati premono contro quella parte del corpo ove sentono il dolore. Si prende un po' di terra dalla tomba del santo e la si mette in un sacchettino che poi si appende al collo della persona malata. Ciò si chiama *el-baraka des-sijid.* L'atto di baciare la tomba o la casa santa ritrae senza dubbio la sua efficacia dal contatto delle labbra con quel luogo sacro. L'acqua delle fonti, che generalmente si trovano vicino ad una casa santa, è sempre considerata più o meno salubre. La sorgente del Marocco più famosa di tutte è quella di Mulai Ya'ḳub non lontano da Fez, la cui acqua contiene dello zolfo, e che viene usata per i bagni da un gran numero di malati di sifilide, i quali vanno a quel santuario e rimangono lì per qualche tempo finchè il santo non dica loro in sogno d'andar via. Vicino alla casa santa di Mulai 'Abd es-Salam sono due sorgenti, la cui acqua è calda nell'inverno e fredda nell'estate. Le donne che non hanno figli diventano incinte se ne bevono, e gli uomini che soffrono di sifilide possono liberarsi dalla malattia, se si lavano con quell' acqua. Nel villaggio Busemlal, nel distretto di Beni Ḥozmar, presso Tetuan, vidi una sorgente in una cava, e mi fu detto che quell' acqua veniva dalla montagna di Mulai 'Abd es-Salam distante un giorno di cammino. Gli 'afarats (demonî) una volta si provarono a condurre l' acqua di lì ai cristiani, ma l' acqua non andò più oltre di Busemlal. Se uno non ha appetito o se soffre di costipazione, non ha che a bevere di quell' acqua e si sentirà bene. È interessante notare come, al tempo stesso che ci sono alberi i quali non si tagliano, si trova qualche volta nella vicinanza d'un *sijid* o d' una *zauia* un albero i cui rami, se son rotti, hanno un effetto benefico. Così sulla terra che apparteneva a Sidi el-Ḥusni non c' è solamente l'ulivo sacro il quale è *tabu*, ma un cespuglio da cui chiunque passa di là per andare alla fiera toglie un ramoscello e lo mette nel suo sacco, convinto che quello gli porterà fortuna negli affari.

Presso la tomba di Mulai 'Abd es-Salam cresce un grande albero dal quale nessuno oserebbe staccare neppure una foglia; ma ci sono anche alberi il cui legno ha un potere benefico miracoloso. Ogni scolaro desidera di avere da uno degli alberi di Mulai Abd, es-Salam un *ḥannasha*, cioè una bacchettina di cui i bambini si servono per cancellare sulle loro tavolette le parole che trovano difficili a ricordarsi per così ficcarsele nella memoria. Oltre a ciò gli alberi *tabu* possono esercitare un effetto benefico per mezzo del contatto, secondo il principio della magìa simpatica. Si vedono spesso pendenti dai rami di quegli alberi strisce di panno, e queste sono messe lì da uomini e donne che hanno qualche desiderio, specialmente da malati che così sperano di guarire. Ora portano le strisce con sè da casa, ora le staccano dai vestimenti che hanno addosso, maniera usata generalmente dalle donne, ma anche gli uomini si vedono spesso con *ģelaleb* rotti per aver dato il loro tributo agli alberi sacri. Se non ci sono alberi vicino al *sijid*, si lega la striscia ad una canna che si mette nella *ḥamma* d'un santo. Ogni casa santa in campagna ha la sua *ḥamma*, cioè una cava in una roccia od uno spazio aperto fra due o tre sassi o qualche volta una stanzina fatta di pietre. Qui si fanno le offerte: di denari, di candele, d'incenso o di polli che s'uccidono nella *ḥamma* mentre si chiede qualche favore.

A Busemlal vidi una *ḥamma* che apparteneva a Sidi 'Abdullah el-Ḥaģ, il quale ha un santuario, *zawia*, a Tetuan, vicino al villaggio. È fatto di pietra, e consiste in due stanze senza tetto e separate l'una dalla altra per mezzo d'un ruscello. È eretto sul posto ove il santo soleva riposare. Se una ragazza desidera di maritarsi, va lì, si lava le mani ed i piedi, e prega la *ḥamma* perchè le faccia trovare uno sposo; e la stessa cosa fanno le donne e anche gli uomini che desiderano figliuoli. A Laraiche c'è un sasso, sul quale il santo era solito sedere, e quello è visitato da persone malate. Le donne che perdono i capelli vanno là e mettono alcuni dei capelli caduti sotto il sasso, il che impedirà al resto della capigliatura di cadere. Se una donna ha il mal di testa, si pulisce il capo e mette il sudiciume sotto il sasso, il che le toglierà il dolore. Se uno ha la febbre, prende un po' di terra da quel luogo, e la mette in un sacchettino che porta intorno al collo. Il popolo anche vi uccide pecore o capre o galli, come sacrifizî al santo Sidi Ben 'Abdullah, padre di Lalla Minnana.

Vicino alla casa santa di Mulai Abd es-Salam si trova un sasso che si chiama *ḥaǵara del msalḥaṭ*, il sasso di quelli che maledicono le loro madri. Le persone buone possono passare per il buco nel sasso, ma se uno che ha maledetto sua madre si prova a passare di là, il sasso si chiude ed egli vi rimane finchè gli scrivani, col leggere i versi del Corano, lo fanno riaprire. Il sasso piange quando si apre, e le donne dicono: « *Allah umṣalli ʿaleika ja rasul Ullah* ». C' è un altro sasso attraverso il quale la gente si prova a spiccare un salto. I buoni vi riescono senza toccare la pietra, ma i cattivi cascano giù sul sasso.

Non sono però soltanto le cose inanimate appartenenti ad un santuario che posseggono questa forza di fare miracoli. Il *mḳaddam* di molte case sante è *baraka*. Questo è il caso dei santuarî di grandi santi come Mulai Idris, Sidi el-Ḥairi e Sidi Heddi. Il *mḳaddam* di Sidi el-Ḥairi guarisce i malati, e può predire se un uomo ricupererà la salute o se morrà. Il *mḳaddam* di Sidi Heddi ha anche la reputazione di poter predire avvenimenti futuri. Egli solo può visitare la tomba, e si crede che parli col santo, quando rimane a quattr' occhi con lui, dopo aver chiuso la porta.

Se benedice e tocca un malato, questi guarisce; se egli rifiuta di farlo, il malato muore. Al santuario di Sidi Heddi c'è anche un cavallo, il quale è *baraka*, e che il popolo suole baciare. Questo si manda nei villaggi vicini con addosso una cesta che il popolo empie di pane e di grano, e il cavallo, ritornando al santuario, vi porta poi queste provvisioni con sè. Nel fiume appartenente al recinto di Sidi Heddi si trova pure una specie di pesci che son sacri. I *haddawa* li cibano cogli avanzi dei loro pasti, e nessuno penserebbe mai di prendere o di far male a quei pesci.

Un santo generalmente ha la sua specialità, è invocato per un certo scopo e da una certa classe di gente. Ci sono santi speciali per scacciare i *ǧinun*, come, per esempio, Sidi Mbarak Ben 'Omran vicino a Laraiche nella tribù del Saḥel; altri medicano la febbre come i *muǧahedin* e la sifilide come Mulai Y'akub. Certi santi guariscono l'insania come Sidi 'Ali Ben Ḥarazam, in Anǧora, Sidi el-'Arbi, nella tribù del Faḥṣ, vicino a Tangeri, e Sidi 'Abd er-Raḥman Ben Jifu, vicino ad Azeila. Altri hanno una grande reputazione per poter aiutare le donne ad avere figliuoli, e gli uomini a diventar padri come Mulai 'Abd es-Salam. Sidi 'Abd Ullah Ben Ḥasain, la cui tomba non è lontana da Marakesh aiuta i maghi col dar loro *ḥekma*. Quando il mare è agitato, i pellegrini che vanno alla Mecca buttano monete d'argento nel mare, invocando Sidi Bel 'Abbas, e si crede che i denari vadano nella sua cassetta. Lo stesso santo benedice anche il cibo. Quando il frumento o l'orzo è maturo, prima di portarlo a casa, il popolo deve darne un *mud* a Sidi Bel 'Abbas per i poveri. Questa offerta si chiama *el-'abbasia*, e la fanno anche i pescatori ed i macellari, o danno denari invece di pesce e carne. *El-'abbasia* si dà al santo perchè benedica il cibo di cui ottiene una parte, e perchè lo faccia vender bene. Generalmente parlando, Sidi Bel 'Abbas è il santo dei commercianti, Mulai 'Abd el-Ḳader è il santo dei viaggiatori come pure dei ciechi che lo invocano quando chiedono l'elemosina, mentre ci si rivolge a Sidi Ḥammed Musa e Sidi Ali Ben Naṣar quando si va a caccia o a fare alle fucilate. Mulai Abd es-Salam è il santo dei lettori del Corano; i venditori di dolci invocano sempre Mulai Idris, e quelli che vorrebbero essere giocatori di *gimberi* menano una capra od un gallo alla tomba di Sidi Ḥabib. Sidi Muḥammed el-Ḥaġ, il santo protettore di Tangeri, è il santo anche dei pellegrini che vanno alla Mecca, i quali, prima di partire, vanno al suo *sijid* a chiedere la sua assistenza; e se il vapore che li porterà alla Mecca è in ritardo, comprano un bue e l'uccidono presso il santuario, con la speranza che quest' atto farà arrivare il vapore più presto. E quando ritornano dalla Mecca vanno al giardino appartenente al *sijid* e vi rimangono tre giorni e tre notti, dopo il qual tempo i loro parenti ed amici vanno a prenderli, colla bandiera e con la musica, e li portano alle loro case ove prima non possono entrare. La circoncisione si fa quasi sempre, ma non esclusivamente nei santuarî di Mulai 'Abd el-Ḳader. Pure i malfattori ed i rei invocano i santi. Mulai 'Abd el-Ḳader è, come abbiamo visto, il santo dei mentitori; ascolta chiunque lo invoca, quindi i ladri spesso si rivolgono a lui nel momento stesso del loro delitto. Divide però quest'ultimo onore con Mulai 'Abd es-Salam, il gran santo che aiuta perfino i banditi di professione. Se uno desidera di darsi a questo mestiere, fa un viaggio alla casa santa di Mulai 'Abd es-Salam, e gli offre un toro; e si dice che fa lo stesso quando vuole abbandonare quella sua professione.

Ciascuna delle congregazioni religiose o semireligiose, che sono tante nel Marocco, ha il suo santo, del quale si celebra l' anniversario con una festa. Ogni città ha il suo santo protettore, così anche ogni tribù, e ogni villaggio. Qualche volta alcuni villaggi si uniscono nella venerazione d'uno stesso santo, e questo può essere il caso anche di molte tribù. Il santo protettore di Tangeri è Sidi Muḥammed el-Hağ; quello di Tetuan, Sidi S'eidi; quello di Alcazar, Sidi 'Ali Buġanam; quello di Laraiche, Lalla Minnana; quello di Fez, Mulai Idris; quello di Meknes, Sidi Ben 'Aisa; quello di Marakesh, Sidi Bel 'Abbas; quello di Mogador, Sidi Mögdur, ecc.

Il santo protettore di tutto il Marocco è Mulai Idris che introdusse l'Islamismo nel paese. Il santo protettore ha sempre la sua tomba dentro il distretto il quale si crede che egli protegga. Ci sono piazze, montagne e fiumi che hanno i loro santi protettori. Ma non ci sono relazioni stabilite fra un santo ed un altro, benchè la reputazione in cui sono tenuti possa variare indefinitamente. Un santo però è riconosciuto per superiore agli altri; il suo titolo è *el-Kuṭb*, e questa dignità si attribuisce nel Marocco a Mulai 'Abd el-Ḳader. Una cosa caratteristica per lui è che non si sia mai ammogliato.

La riverenza che i Mori hanno per i loro santi è estrema, ed il posto che occupano nella coscienza di questo popolo ci maraviglia, se consideriamo che la religione professata è sopratutto monoteista. L'intero paese è pieno di *sadats* e *zawiats*, e il popolo invoca i loro santi in tutte le situazioni della vita. Il Dio dell'Islamismo è troppo lontano dall'uomo ordinario, il quale ha bisogno d'un intercessore, e perciò si rivolge ad un santo. Tutte le invocazioni speciali sono fatte ai santi, mentre ci si avvicina a Dio soltanto con atti di devozione regolati e con versi del Corano. Ci sono infatti molti Mori che piuttosto si farebbero spergiuri davanti a Dio che davanti al santo Sidi Ḥammed Ben Naṣar.

La fede nei santi è tanto grande che alcuni sono invocati anche da quelli che aderiscono ad una confessione diversa dalla loro. Al santo ebreo, Rabbi 'Omran che guarisce specialmente le malattie di petto, e la cui tomba è a Tangeri, si rivolgono anche i Mori; questo è il caso anche del Rabbi Diuan che fu sepolto a Tetuan. In Saffi si trovan le tombe di sette santi ebrei, tutti fratelli, che si chiamano Ulad Ben Shmerru sewa e che sono rinchiusi in uno stesso santuario. Quando i Mori passano davanti a quel luogo, offrono volentieri ai santi candele od olio, e in caso di malattia visitano le loro tombe. La causa di questa fede è che un Moro una notte dormì presso le tombe dei sette santi ebrei e insudiciò il posto con la sua orina. La mattina seguente lo si trovò lì paralizzato. Alcuni Mori allora portarono candele ed olio alle tombe per rabbonire i santi adirati e promisero di farlo anche per l'avvenire se il malato guariva. Questi ebbe la terza notte un sogno e fu guarito. E dopo i Mori credevano sempre nei sette fratelli ebrei. Ci sono anche dei santi su cui se la pretendono e gli Ebrei e i Mori. Di Sidi Mḥammed Sherif in Laraiche, per esempio, i Mori dicono che era un Moro, e gli Ebrei che era Ebreo, e tanto questi quanti quelli visitano la sua tomba. I Mori dicono che a loro non importa se gli Ebrei l'invocano e frequentano il suo *sijid* — pare che al santo stesso non importi — e credono che aiuti gli Ebrei se essi si rivolgono a lui.

Il culto dei santi offre nel Marocco, come negli altri paesi maomettani, un interesse speciale per i resti della religione premaomettana che ivi si nascondono. Penso qui non tanto al fatto che gli Arabi antichi credevano certe persone capaci di fare miracoli, ma piuttosto all'antico culto della natura, del quale ancora si possono vedere le tracce nell'adorazione dei santi morti. Abbiamo veduto come sorgenti, alberi e sassi sacri sono fenomeni ordinarî nella vicinanza delle tombe dei santi, specialmente in campagna. Secondo la credenza popolare il santo ha trasferito la süa santità su quegli oggetti; ma è probabilissimo che la cosa in molti casi sia diversa. Si può anche pensare che i boschetti intorno alle tombe dei santi debbano la loro esistenza continua alla paura superstiziosa che il popolo sente del santo, il quale è o si suppone essere sepolto lì. Ma come spiegare l'apparire costante di sorgenti presso le tombe dei santi?

I fatti che ho raccolti nel Marocco aumentano la verosimiglianza dell'opinione del professore Goldziher che il luogo — almeno in molti casi — sia stato sacro in origine, e che la fantasia popolare vi abbia poi trasmesso la tomba d'un santo. Una gran parte dei santi morti del Marocco sono persone più o meno mitiche, le cui tombe facilmente possono essere trasmesse da un posto ad un altro. Così può accadere che uno stesso santo sia sepolto in due luoghi, il che è considerato come un miracolo del santo e gli dà l'epiteto di Mula Ḳabrain, cioè « padrone di due tombe. » Santi simili sono, per esempio, Sidi ʽAbd er-Raḥman Ben ʽAġiba che ha una tomba in Anġora ed un'altra nella tribù Aġmara. Della tendenza che ha la fantasia popolare di connettere il ricordo di persone sante a certi oggetti della natura, abbiamo un bell'esempio in un sasso piatto e quadrilungo sulla spiaggia fuori di Tangeri, sotto il quale si dice esser sepolto uno dei figli di Noè e che al tempo stesso serve di *ḥamma* a Mulai 'Abd el-Ḳader, la cui tomba si trova a Bagdad.

C' è poi da notare che nel Marocco esistono alberi miracolosi i quali non crescono vicino alle tombe dei santi, e tombe di santi a cui è pericoloso accostarsi dopo l'imbrunire, essendo queste *miskunin*, cioè frequentate da *ğinun*. Sappiamo che la credenza in *ğinun*, per dare alla parola il plurale marocchino, è un resto del paganesimo arabo, e questa credenza è d'un' importanza grandissima nella vita dei Marocchini. Quasi tutte le sorgenti del Marocco sono *miskunin*, e ogni luogo che per il suo aspetto straordinario mette in movimento la fantasia, diventa facilmente un rifugio di *ğinun*.

Pare che il santo in molti casi sia stato il successore del *ğin* e il luogo rimane *tabu* anche dopo che il santo se n'è impadronito, se non che il santo forse ha dato a certi oggetti come alberi, sassi ecc. appartenenti al posto, una forza miracolosa che prima non sempre possedevano. Non sono però perfettamente sicuro di quest' ultima trasformazione. Oggidì esistono ancora molti luoghi sacri, a cui i Marocchini portano candele, incenso ed altri piccoli doni, ed i quali servono di rifugio ad un potente sultano di *ğinun* che si lascia placare da preghiere e da offerte. Siffatti sultani di *ğinun* sono numerosi, e posso nominare Sidi Ḥammu e suo figlio Sidi Ḥammuda, Sidi Maimun, Lalla Maimuna, Lalla Mira, Lalla Rḳeja, Sidi Musa, Sidi Buseḥba, Shum Harush e suo figlio es-Sultan el-Kḥal, Sidi Boḳnadel, ecc.

Le opinioni sono però divise riguardo alla vera natura di questi enti mitici. Alcuni di loro sono non di rado tenuti per santi. Una tale confusione fra santi e *ǧinun* è di grande interesse e aumenta la verosimiglianza dell'ipotesi della connessione fra di loro. Questa connessione è principalmente di qualità locale. Sia che si creda un santo o un *ǧinn* colui che ha dato il carattere soprannaturale ad un oggetto, questo oggetto è sempre la cosa più importante. Così tanto nel culto dei santi quanto nella fede in *ǧinun* si possono trovare le orme d'un antico culto della natura.

In avvenire, e prossimamente, spero di potere, mediante viaggi continuati insieme collo sceriffo ʿAbd es-Salam, completare i miei studî sui resti della religione premaomettana del Marocco, come pure di scoprire qualche cosa riguardo alla religione ordinaria della razza berbera, finora quasi perfettamente sconosciuta.

EDWARD WESTERMARK.

SULLA STRUTTURA DELLA LINGUA "EVÉ"

IN BASE A DIRETTE OSSERVAZIONI

A) Nozioni generali e storico-comparative [1]

§ 1. *Ragione del nostro studio. Bibliografia.*

Parecchi anni addietro, studiando l'organismo e il lessico delle lingue a nord-ovest e a ovest del Golfo di Guinea, vi riscontrammo delle affinità colle lingue bantu; [2] e i nostri risultati furono bene accolti anche da Georg von der Gabelentz. [3]

Naturale dunque che fossimo spinti a estendere le nostre indagini ad altre lingue di quella regione, e

[1] La lunghezza del lavoro e la necessità di aver pronto il presente volume per il Congresso di Amburgo, costrinse il Compilatore ad accoglierne la sola parte generale.

[2] G. De Gregorio, *Cenni di glottologia bantu*, Torino, Loescher, 1882.

[3] *Die Sprachwissenschaft, ihre Aufgaben, Methoden und bisherigen Ergebnisse, Leipzig.* F. O. Weigel Nachfolger, 1891 p. 277 : « *Dagegen hat A* (Leggi G.) De Gregorio (*Cenni di glottologia bantu, etc.) mit leichter Mühe in den Sprachen der nordwestlich und westlich von Golfe von Guinea wohnenden Wölker unverkennbare Spuren einer bantuischen Verwandtschaft nachgewiesen.* »

principalmente all'Evé, tanto più che Lepsius, in una molto nota opera,[1] ascriveva l'Evé (Ife) tra le « Original or South African languages, » benchè in altra posteriore[2] venisse a risultati diversi. In quest'ultima sembra bene avere rigettato l'idea della connessione della lingua Evé colla famiglia bantu, considerandola come una delle *Mischernegersprachen*, e lasciando tra le bantu solo le sei lingue seguenti: Herero, Pongué, Fernando, Caffro, Ciccana, Suaheli.

Nella sua classica Grammatica comparativa, Guglielmo Bleck[3] non considera l'Evé. Ma quando, nel tracciare i limiti della famiglia bantu, nota che, dalla parte dell'interno, questo dominio giunge sino l'8° grado di latitudine settentrionale, ci lascia alquanto incerti sulla sua opinione e ci fa supporre che la esclusione non provenga da altro, che dalla impossibilità d'istituire paralleli con una lingua poco nota all'autore.

Vero è che Fr. Müller[4] riuniva dottamente l'Evé col Gà, l'Odschi e il Yoruba, tracciandone un disegno linguistico magistrale; e che queste lingue ormai vengono considerate come costituenti uno speciale gruppo,[5]

[1] *Standart Alphabet*, London, 1863, p. 307.

[2] *Nubische Grammatik mit einl. über die Völker und Sprachen Afrikas*. Berlin, 1880 (Cfr. Pott, *Zur Litteratur der Sprachenkunde Africas* in *Intern. Zeitschr. f. allg. Sprachw.*, B. III, p. 249 segg.).

[3] W. Bleck. *A comparative Grammar of South-African Languages*, London, Trübner, 1862, p. 2. Lo citiamo con « Bleck ».

[4] *Grundriss der Sprachwissenschaft*, Wien, Hölder 1876-77, I pp. 126-134.

[5] V. per es. J. C. Christaller, *Die Volta-Sprachengruppe* in « Büttner's *Zeitschr. f. afrikan. Sprachen* ». Bd. I, pp. 161-188.

detto « gruppo del Volta, » che però rientra nella grande categoria « negro ».[1]

Tuttavia Fr. Müller non sembra avere escluso che possano rintracciarsi dei caratteri di bantuismo anche nell'Evé. E per parecchie altre lingue nord-occidentali è stata riconosciuta questa possibilità oltre che dal precitato von der Gabelentz, anche da J. Torrend, autore della più completa e recente Grammatica sud-africana.[2]

I limiti settentrionali del dominio bantu, additati da costui, non in tutti i punti corrispondono con quelli dati da Bleck. Dal lato di nord-ovest essi non si spingerebbero più a nord della foce del fiume Old Kalabar, cioè più a nord del 5° parallelo settentrionale. Pure, Porrend ammette[3] che parecchie lingue della costa di Guinea, del Basso Niger, di Sierra Leone e persino della Senegambia presentino qualche relazione colle lingue bantu; tanto che le designa col nome di *semi-bantu*. Fra queste, egli menziona l'Ibo, l'Avatime e il Wolof, senza però far figurare queste lingue, e l'Evé, nella classificazione provvisoria delle bantu, da lui stabilita. Infine egli afferma che la scienza filologica non ha ancora determinato quale sia la esatta relazione colle bantu di parecchie lingue di tribù negre, specialmente stabilite all'ovest.[4]

[1] Robert Needham Cust, *A Sketch of the modern languages of Africa*, London, Trübner, 1883, I, 203 segg.

[2] J. Torrend S. J. *A comparative Grammar of the South-African Bantu languages*, London, Kegan Trench, Trübner, 1891, p. XVII.

[3] Torrend, *op. cit.* NN. 245, 598, 830.

[4] Torrend, *op. cit.*, p. XVII: « There are some Bantu enclaves in the Soudan, on the Niger, and further to the west. Philological science has not yet determined what is the exact relation of the languages of the other black tribes in the north west to Bantu ».

Dopo ciò non ci reca nessuna maraviglia di trovare l'Evé escluso dalla famiglia bantu nelle recenti rassegne sulle lingue africane, come per es., in quella preziosa [1] presentata nell'XI congresso internazionale degli Orientalisti, in Parigi, da René Basset.

Ma, d'altro lato, la opportunità della nostra ricerca rimane dimostrata, e sarà riconosciuta da tutti. Il lavoro poi si propone anche di rivagliare qua e là, ove accada, i fatti riguardanti la grammatica e il lessico, che altri trae da fonti aliene. Che se lo stesso riuscisse a determinare di un modo sicuro qualche affinità tra l'Evé e Ola, famiglia sud-africana, la sua importanza diverrebbe poco discutibile, anche per questo rispetto.

Noi ci siamo esclusivamente fondati sopra materiali vivi che abbiamo potuto raccogliere direttamente dagli indigeni del Togo facienti parte di una carovana di un 60 persone, diretta da Albert Urbach, fermatasi a Palermo nel febbraio e marzo del 1899.

Il nostro indicatore principale è stato il capo di quegl' indigeni, un moro molto intelligente, che per fortuna conosce abbastanza d'inglese, perchè le nostre indagini sieno state possibili. Si chiama con nome indigeno, Hoffi Nayu, con nome inglese J. C. Bruce [2] ed è nativo del Piccolo Popo (Little Popo, Klein Popo, Anexo).

Abbiamo poi controllato le sue indicazioni, sia con ripetergli le stesse domande dopo molti giorni, che

[1] *Rapport sur les langues africaines*, in « Actes du onzième Congrès international des orientalistes, Paris. 1897 (5me, 6me et 7me sections, p. 53 e sqq.).

[2] Lo citiamo con « Br. ».

gliele avevamo fatte, sia con interrogare altri indigeni della stessa regione del Togo.

Solo dopo che la carovana lasciava Palermo, curammo di procurarci le opere speciali sull'Evé, e cioè quelle di Schlegel,[1] Neurici,[2] Prietze.[3]

Il ritardo nel consultare queste opere non è stato dannoso, perchè il nostro lavoro si è così potuto compiere senza preconcetti di sorta.

Il libro di Schl. merita ogni considerazione, perchè il primo sul soggetto, e perchè fondato sopra materiali raccolti in Africa, per una missione evangelica, nella Corte degli Schiavi, senza aiuto di nessuna opera a stampa sul soggetto, e senza il veicolo intellettuale di una lingua europea conosciuta dagl'indigeni. La prefazione è datata da Keta, luogo marittimo a est della foce dell'Amu (Volta), il 25 agosto, 1856; ma l'opera fu compilata circa due anni prima di quest'epoca. Schl. stesso modestamente avverte, che « das Büchlein will und kann keine grammatik sein », sebbene la parte dedicata alla grammatica vi sia considerevole (pp. 1–21). Vi si trova una interessante raccolta di proverbi (pagine 121–148) e di favole popolari (pp. 148–160), e un

[1] J. B. Schlegel, *Schlüssel zur Ewe Sprache.... mit Wortersamm. nebst sprichww. u. fabeln der Eingebornen* (Stuttgart, 1857, in comm. Bremen bei W. Valelt & Co). Lo citiamo con « Schl. ».

[2] Ernst Henrici Dr. Phil., *Lehrbuch der Ephe-Sprache* (ewe) *Anlo-, Anecho- und Dahome- Mundart mit Glossar und einer Karte der Sklavenküste*, Stuttgart & Berlin, W. Spemann, 1891. Forma il VI vol. dei libri scolastici del Seminario dei Missionari evangelici. Lo citiamo con « Henr. ».

[3] Rudolf Prietze, *Beiträge zur Erforschung von Sprache und Volksgeist in der Togo Kolonie* (*Separat- Abdruck aus « Zeitschr. f. afrik. u. oceanische Sprachen, III Jahrg., H. I, 47-64*. Lo citiamo con « Pr. ».

glossario del dialetto Aṅlo, che coll'indice delle voci tedesche costituisce la parte principale (pp. 161–328).

Anche più comoda e pratica per le scuole missionarie riesce l'opera di Henr. a causa della sua data più recente, del metodo più semplice e sicuro, della esattezza e nitidezza dell'edizione, e infine anche a causa del corredo, che ha, di una minuta carta geografica. Essa mira, come dichiara l'autore medesimo (p. IX) all'esercizio della lingua. Mentre l' « Abriss der Grammatik » occupa ben poche pagine (99) l' « Uebungsbuch » (pagine 41–175), che ha annessa una abbondante raccolta di frasi e proposizioni, che facilmente occorrono nel discorso parlato, (pp. 177–268) assorbe il grosso del volume. L'indole stessa del libro esclude dunque le indagini comparative, quali quelle, che noi ci proponevamo. Ed è poi ben naturale, che certi fatti possano essere sfuggiti ad Henr., o possano essere stati apprezzati diversamente di come a noi è accaduto di fare. Degno di nota è anche ciò che il fonte precipuo a cui attinge Henr. sia appunto lo stesso « Häuptlich, Nayo, genannt J. C. Bruce » (Henr. XIX) che pure a noi ha servito come tale.

Neppure la memoria di Bl., mira ad illustrare l'Evé dal lato glottologico, bensì da quello del folklore. Contiene infatti degli squarci mitologici, delle parabole e ben 117 proverbi, accompagnati dalla traduzione letterale e libera. Anche questa memoria, che abbiamo potuto avere dalla cortesia dell'autore, dopo che il nostro lavoro era quasi ultimato, si fonda sulla lingua del capo della carovana del Togo, che pure costituisce la nostra fonte precipua.

Il ricco materiale sintattico, che offrono Henrici

e Prietze, ci obbligherà a ridurre la nostra piccola raccolta di frasi e proposizioni, sebbene non c' impedirà di offrire, un giorno, ai lettori alcuni esempi di costruzioni, atte a far rilevare più particolarmente se esista in esse la concordanza rispetto ai prefissi, che è uno dei caratteri della famiglia bantu. E giovi poi avvertire, che il materiale sul quale soltanto abbiamo fondato le indagini, proviene da nostre raccolte, eseguite direttamente nella lingua parlata.

Lo schizzo glottologico di Fr. Müller, necessariamente, può solo utilizzare il lavoro di Schl., che per esatto che sia, presenta in qualche punto delle incertezze, che forse provengono da ciò che egli si fonda sul dialetto di Hefa, e noi sull'Anecho. Così noi non riscontriamo nessun suono simile a *š* nè a *ž*, che invece figurano nel detto schizzo, e che forse saranno stati introdotti per confusione con *č*, *ǰ*. Per es. « nove » si dice in Evé oltre che *nyide* anche *assidekė*, non però mai *ašieke*; « mano » si dice *assi* non mai *aši*. Parimenti il segno *w'* tradisce una piccola inesattezza. Esso rappresenta un suono molto più raro di quanto parrebbe dagli esempi, che qua e là son citati dal Müller.

Ad es. la voce *w'e*, che funge da particella di genitivo, e che vale ' suo ' ' di lui ', viene profferita colla iniziale sorda dai nativi, che noi abbiamo consultato, cioè con *f* labio-labiale, ossia *f*. Tale è pure il suono che è in *a-fe* ' casa ', non *a-w'e*; tale è in *a-fe-to* ' proprietario, landslord ', non *a-w'e-to*; tale anche in *a-fu-nu* ' spiaggia ', non *a-w'u-nu*.

Riguardo alle forme grammaticali non ci risulta, per es., che l' Evé non distingua nei nomi se non raramente il plurale dal singolare, poichè troviamo comunissima la formazione mediante il suffisso *o*. Qualche altra diversità nei risultati non viene, certamente, ad infirmare l'ottimo schizzo linguistico di Müller, che del resto è fondato sui dati di Schlegel. Ma noi, come è naturale, ci siamo attenuti alle osservazioni direttamente istituite sulla lingua attuale degli indigeni del Togo.

Quanto alle pubblicazioni, d'indole semplicemente filologica, sull' Evé e i suoi dialetti, e alle pubblicazioni o opere manoscritte in Evé (favole, libri di lettura, dizionari, traduzioni della Bibbia), dobbiamo rimandare ai cenni datine da Basset [1] nella memoria precitata da Henr. [2] e principalmente da Christaller. [3]

§ 2. *Considerazioni sul nome della lingua.*

La scelta del nome da dare alla lingua, di cui ci occupiamo, non è facile, e dipende dal criterio che si adotta per denominare le lingue orientali.

Dato anche che tutti gli autori si accordassero nell' uso di unico alfabeto fonologico (il che tuttavia resta un *desideratum* della scienza), resterebbe a vedere se i dialetti della nostra lingua impieghino proprio lo stesso vocabolo per designar questa ; e, nel caso negativo, resterebbe a fare la scelta tra le varie forme. Ma ogni lingua europea traduce le denominazioni

[1] Op. cit. pp. 55, 56.

[2] Op. cit., p. 6, 7.

[3] *Die Sprachen des Togogebiets*, in *Zeitschr. f. afr. u. ocean. Sprachen*, I Jahrg., H. I, p. 7, 8.

delle lingue non letterarie colla propria grafia, e quando si tratti di suoni speciali, coi segni che possano rappresentarli quasi approssimativamente.

Tale questione, per quanto paia di poco conto, non si può punto tralasciare, perchè, seppure qualche italiano ha prima di noi menzionato questa lingua, nessuno ne ha parlato di proposito.

J. B. Schlegel stabilisce la denominazione *ew̔e*, procurando rappresentare coll' alfabeto di Lepsius la stessa denominazione indigena. Lepsius e Fr. Müller adottano tale forma, ma Cust[1] volendola tradurre in inglese, oscilla tra *ewé*, *ewhé* e *azighé*. Così altri autori, inglesi e tedeschi, trascurando lo spirito aspro sul *w* impiegano semplicemente la formula *ewe*, che riesce consona ai loro alfabeti nazionali, sebbene il *w* abbia nell' alfabeto inglese valore diverso che nel tedesco. Appunto per ciò gli autori francesi sono costretti ad ammettere una duplice forma, *éoué* ed *évé*, di cui l'una si accosta alla pronunzia inglese, e l'altra alla tedesca; fatta astrazione dalla forma *égbé*, che resta poco giustificata. Conformemente, noi italiani potremo scegliere tra *evé* ed *eué*, e anzi stabilire *evé*.

Ma è necessario dichiarare, che *evé*, pronunziato come fanno i più degl' Italiani, non riproduce esattamente la denominazione indigena. Ed è pur necessario far noto, che, nei moderni libri tedeschi, specie in quelli destinati alle Missioni, si è adottata una grafia che riproduce questa denominazione. Pur troppo però per questa via s' incontra lo scoglio della varietà degli alfabeti scientifici e dei varî criterî di trascrizione. Così

[1] Op. cit., p. 203.

avviene che Schl. adoperi *ew'e*, mentre Henr. adopera *ephe* ed *ep'e*, Pr. *ew'e*, Christaller *ephe*.

Noi abbiamo fatto ripetere al nostro indicatore Br. molte volte in diversi giorni il nome della sua lingua; e ci è riuscito di constatare, ciò che del resto anche Schl. notava, che per il fenomeno mediano si tratta di una continua esclusivamente labiale, in cui nè i denti, nè la lingua hanno punto gioco. Circa la vibrazione delle corde vocali, un sol giorno il nostro indicatore non la produsse; e fu però quando, da noi richiesto, si sforzava a mostrarci la disposizione degli organi della bocca, nell' atto di produrre il suono. Tutte le altre volte però profferì il suono sonoro. Così a noi è venuto il sospetto, che ciò che Schl. afferma circa questo punto, cioè che si tratti di un « reine Hauch schweigend », [1] sia poco esatto. Ma anche Henr. qualifica *p'* come una *tenuis-aspirata*, e Christaller [2] espressamente afferma, che il fonemeno « ist nicht stimmhaft ».

Si tratterà dunque di varietà dialettali. Ma noi abbiamo l' obbligo di far noti i nostri risultati, siano, o no, concordi con quelli degli altri autori. Ora noi abbiamo trovato che i nativi del Klein Popo fanno differenza tra *ewé* (pron. it. *eué* con *u* semivocale), 'sole', *ew'e* nome della loro lingua, ed *evé* (*v* labio-dentale), 'due'; ma che questa differenza non dipende da ciò, che in *ew'e* si abbia un suono sordo. Certo è poi, che col sistema di Lepsius, che stabilisce per ogni singolo suono unico segno, non può convenire la grafia *ephe*, pur patrocinata da Christaller (senza poi dire di *eohe*), mentre

[1] Op. cit., p. 4, 5.

[2] *Die Sprachen des Togog.*, p. 5, n. 2.

si tratta di unico suono, e anzi diciamo, di un mero soffio, [1] che noi però abbiamo udito sonorizzato, nella denominazione della lingua.

Il segno *p'* adottato da Henr. nel corso dell'opera, da questo punto di vista pare più conveniente, ed ha il vantaggio di essere anche adottato, per quanto rilevasi dai titoli datine da Henr., nei libri di traduzione della Bibbia ad uso dei Missionarî di Brema. Ha però l'inconveniente di basarsi sopra la lettera *p*, destinata a rappresentare una esplosiva; mentre tutti ci accordiamo nello stabilire, che si tratta, nel caso nostro, di una fricativa.

Se esistesse un alfabeto scientifico di uso universale, sarebbe il caso di appigliarvisi. Ma pur troppo tutti gli alfabeti scientifici servono per un dato ramo di studî glottologici, o per date famiglie linguistiche. Secondo quello di Techmer, i segni per le fricative e sorda e sonora, di questa serie labio–labiale, sarebbero *f* e *v*.

Tali segni però non esistono in nessun alfabeto letterario, dato pure che i suoni da essi rappresentati possano sporadicamente esistere nelle lingue nostre.

Inoltre osserviamo, che per i nomi di tutte le lingue senza proprio alfabeto e senza letteratura, specie per quelli delle lingue africane, vige tuttora una deplorevole miscela.

Accanto ai nomi indigeni, ciascuno dei popoli europei, dominatori o colonizzatori, ha creato dei nomi

[1] Henr. p. 15 afferma solo che il suo segno speciale, cioè *p* collo spirito aspro sovrapposto, possa rappresentare « also der Pustelant schlechtin ».

speciali, in conformità all' indole della propria lingua, e in dipendenza di circostanze di varia natura. Così la lingua parlata nel *Yoruba* o *Yariba* si chiama appunto con questi due nomi, mentre il nome indigeno è *Oku;* la lingua detta *Tshi* o *Odschi* in Europa, viene appellata *Ćui* (it. *Ciui*, ingl. *Chwee*) dai nativi; l'*Akra* viene appellata *Ga*.

Invalso ormai questo dritto, per quanto abusivo sembri, noi italiani possiamo bene adottare la denominazione di *evé*, [1] la quale, se a chi crede al suono sordo della fricativa può sembrare da posporsi ad *efé*, ha sempre il vantaggio di rappresentare a capello il fr. *évé* e il ted. *ewe*, e di accostarsi grandemente, specie poi per la grafia, all' ingl. *ewe*.

§ 3. *Regione dell'Evé. Lingue del Togo.*

Secondo Schl., a cui fa capo anche Cust, l'Evé occupa una non grande regione della Guinea Settentrionale, limitata a sud dall'Atlantico, a ovest dal fiume Volta (Amu), ad est dal territorio del Yoruba (o Yariba), a nord da confini non bene determinati.

Henr., che ha annesso alla sua opera una dettagliata mappa, indica confini più precisi. Secondo lui, l'Evé si stende dalla foce dell'Amu sino a Kpandu in-

[1] In altra opera (De Gregorio, *Glottologia*, Milano, Hoepli, 1886, p. 248) avevamo adottato la forma *ewé*. Ma ora ci decidiamo per *evé*, oltre che per le ragioni addotte qui nel testo, anche per la preferenza, che a tale forma cominciano a dare i nostri geografi. (Cfr. p. es. Gott. Garollo, *Uno sguardo alla terra*, Milano, Vallardi, vol. II, p. 511).

clusivamente; di lì, segue verso nord-est la catena dei monti Agome e Akposo sino a incontrare l'8° parallelo, spingendosi verso est, in modo da comprendere il Dahome; a oriente s'incontra col Yoruba.

L'Evé è la principale delle lingue parlate nella regione del Togo[1] (da *to*, fiume, e *go*, spiaggia), la quale da parecchi anni è sotto il protettorato della Germania.

Ivi esistono delle lingue sorelle dell'Evé e delle lingue, che presentano, a quanto pare, una certa indipendenza. Le relazioni tra queste lingue meritano ulteriori studî, perchè noi troviamo, ad es., l'Avatime messo prima da Henr. nel Gruppo del Volta, e poi ascritto tra' cosidetti isolotti linguistici (Henr., p. 2) della regione dell'Evé, come è messo pure da Christaller. Sulla lingua Adele, che è la più settentrionale, Christaller ha scritto una memoria speciale.[2]

Notiamo di passaggio poche consonanze da noi avvertite in alcuni nomi numerali.

	Evé	Adele
4	*e–ne*	*ena*
5	*a–to*	*tõ*
8	*e–ñi*	*nye*
9	*ñi–de*	*nyeki*

Quest'ultima forma presenta nel secondo elemento una consonanza di ordine ideologico. L'Evé *ñi–de* è letteralmente otto (*e–ñi*) uno (*e–dde*); parimente l'Adele *nyeki* è: otto (*nye*) uno (*eki*).

[1] Christaller, *Die Sprachen des Togog. in Zeitschr.* cit. p. 5 segg.

[2] *Die Adelesprache im Togogebiet* in *Zeitschr.* cit. I, pp. 16-33. Nella carta di Henr. si trova segnato invece *Adeli*, ma a p. 2 *Adele*.

§ 4. *Parentela col Ga (Akra) e col Ciuí (Tshi, Odschi); relazioni coll'Acú (Yoruba).*

Sebbene Fr. Müller abbia stabilito un gruppo delle lingue sopra nominate e dell'Evé, pure crediamo opportuno avvertire, che le diversità lessicali tra queste lingue sono notevolissime, [1] e che l'Acú si mostra il più lontano parente dell' Evé. Le nostre indagini su questo punto ci conducono alle stesse conclusioni di Henr., che al gruppo linguistico, detto della Guinea Settentrionale, ascrive 3 sottogruppi:

1. quello della Senegambia occid. (*Wolof*, *Mandingo*, etc.).

2. quello del Volta (*Tschi*, *Ga*, *Ephe*, etc.)

3. quello del Niger (*Yoruba*, *Ibo*, etc.)

Nel 2° sottogruppo la lingua più importante per la scienza, a causa della sua fedeltà al tipo originario, è certo l'Evé, come bene osserva anche il Müller; nulla importando che lo Ciuí coi varî suoi dialetti (Asanto, ec.) sia parlato da circa 4 milioni di uomini.

Rispetto al lessico ciò che a noi ha recato molta maraviglia è il contrasto tra l'affinità, che rasenta la identità, in certe parole, e l'assoluto distacco in altre. Per ispiegare la prima, si potrebbero supporre delle vere infiltrazioni; ma non vi è dubbio che l'Evé, lo Ciuí e il Ga sieno lingue affini.

[1] Cfr. per es. J. G. Christaller, *A. Dictionary english Tshi-Akru*, Basel, 1874.

Per l'Acú (Yoruba) le indagini da noi fatte in base alla lingua parlata dall'indigeno Thomas, nativo di Lagos, ci sono riuscite negative; e anche poco soddisfacente ci è riuscito il confronto tra' nomi numerali, sebbene anche il Müller lo istituisca. Solo i numeri 3 e 10 presentano forme affini.

	ACÚ	EVÉ	CIUÍ	GA
1	*ewi*	*e–ddé*	*ẹ kó*	*eko*
2	*é̌ji*	*ẹ–vẹ́*	*ẹ nú*	*enu*
3	*eta*	*ẹ–tọ*	*ẹ sà*	*ete*
4	*eχri*	*ẹ–nẹ*	*a náñ*	*edfe*
5	*anu*	*a–tọ*	*anúm*	*enumo*
6	*efa*	*a–dẹ*	*asia*	*ekpa*
7	*é̀je*	*da–dré*	*asóñ*	*kpa wo*
8	*ě̩jo*	*ẹ–ñi*	*atyọ́*	*kpanyo*
9	*esso*	*ñu–dẹ́*	*akróñ*	*nẹhñ*
10	*éwa*	*e–vọ*	*edu*	*nyorima*

Dei giorni della settimana (secondo il nostro indicatore ci avverte), mancano le denominazioni nel Yoruba, che adotta l'uso maomettano.

Invece, per queste è mirabile la corrispondenza tra lo Ciuí e l'Evé, mentre il Ga in genere sembra avvicinarsi all'Evé più dello Ciuí. Ecco alcuni pochi esempi, tratti dai nostri spogli.

	Evé	Ga	Ciuí
Domenica	*kwasi-da*	*họgba*	*kwasida*
Lunedi	*ǰọ-da*	*dšu*	*dwoda*
Martedi	*bla-da*	*dšufo*	*bĕnăda*
Mercoledi	*iku-da*	*šọ*	*wukuda*
Giovedi	*yawa-da*	*sō*	*yawda*
Venerdi	*fi-da*	*sohá*	*efida*
Sabato	*me mlẹ-da*	*họ*	*memenĕda*
cipolla	*sa-bu-lẹ*	*sabola*	*sopradā*
sacco	*kọ-tọ-ku*	*kotoka*	*kotoku*
sole	*e-wẹ*	*hùlu*	*ǒwia*
Dio	*Mau*	*Mawu*	*Onyame*
oro	*si-ká*	*šika*	*sika*
battaglia	*a-hwa*	*ta*	*ọkō*
tavola	*ẹ-kplọ*	*okplò*	*ọpon*
frumento	*ẹ-bli*	*able*	*aburow*
leone	*ǰa-nta*	*dšata*	*gyata*
anello	*plẹ-ŋgọ*	*bleko*	*prẹko*
sega	*sa-ka*	*sao*	*sā*

§ 5. *Dialetti dell' Eré.*

Schl. (pp. v–vii) distingueva cinque dialetti: il Maχi (*Mahee* delle carte) a nord est, il Dahume, il Weta (Whydah) nella costa orientale, l'Anfue ad ovest, l'Anlo nella costa occidentale. Tale distinzione è seguìta da Cust, [1] che aggiunge qualche dettaglio sulla denominazione degli stessi. Oppurtunamente però Henr. riduce a tre il numero dei dialetti:

1. l'occidentale, che comprende l'Anlo, [2] nella laguna di Keta, e l'Anfuä.

2. il mediterraneo, suddiviso in *a*) dialetto montanino a nord–ovest, *b*) ephe nel centro, *c*) anecho a sud–est.

3. l'orientale distinto in *a*) Mechi, *b*) Dahome, *c*) Pheda–Pla (Whydat–Grand Popo).

Il nostro indicatore, Br., ci avverte che ogni centro di abitazione presenta delle piccole particolarità di pronunzia, come del resto è naturalissimo, specie in Africa. Fra tutti i dialetti; l'Anlo gode ormai una certa riputazione di maggiore purezza e nobiltà, sebbene, per quanto ci risulta, esso non presenta poi delle grandi differenze coll'Anecho, [3] la varietà da noi principal-

[1] Op. cit. pp. 203-205.

[2] Siccome la pronunzia indigena di questo nome reca una nasale gutturale, la forma italiana *anglo* la rappresenterebbe meglio. Ma questa verrebbe a confondersi con *anglo* ' inglese '; ed è perciò preferibile *anlo*, che è anche di uso più comune presso gli autori tedeschi.

[3] Adottiamo questa forma per la denominazione del dialetto del Klein Popo, perchè Henr. l'adotta, e perchè è comoda anche per la

mente studiata. Soltanto, in Anlo sono molte pubblicazioni a stampa, ad uso della società dei Missionarî tedeschi. Ma l' opera di costoro si è anche esercitata sulla lingua del Dahome,[1] detta anche Fõ, o Fogbe.

stampa italiana, sebbene solo il *ch* tedesco abbia un valore presso che uguale alla fricativa sorda gutturale, che è nell'ultima sillaba di questa voce. Del resto, sulle particolarità dell'Anecho cfr. Henr. 91-92.

[1] V. per es. il *Dictionnaire abrégé Français Dahoméen* (Paris, 1879) del missionario francese Courdioux.

M. GIACOMO DE GREGORIO.

INDEX

Section Sémitique

Section du Monde Musulman

Section Langues de l' Afrique.

www.ingramcontent.com/pod-product-compliance
Ingram Content Group UK Ltd.
Pitfield, Milton Keynes, MK11 3LW, UK
UKHW020552180726
13838UKWH00001B/199

9 782329 291123